千人の一歩

板井優追悼集

『千人の一歩』編集委員会

創流出版

(写真提供『Attorney's MAGAZI

(写真提供：田中史子)

一九八八年二月二九日には、チッソ㈱刑事裁判上告審で最高裁は上告棄却を決定。チッソ㈱吉岡元社長と、西田元工場長の有罪が確定した。写真は三月四日、チッソ東京本社にて。

板井弁護士

「最高裁の決定で、チッソの行為が犯罪行為、それも人を死なせた犯罪行為だということが確定をした。これはいままでとちがうよね。はっきりした。あなたは係争中、係争中というけれども、刑事責任ははっきりした。犯罪行為ですよ。人を殺したんですよ。この人たちの身内が沢山死んだんですよ。それがはっきりした。……なぜ会社の社長がでてこないんだ。あなたは代表取締役というけれども、二人代表取締役がいるならば、二人ともでてくるべきではないか。二人ともでてきて、こっちへあやまったらどうだ。そして、全面救済を約束すべきじゃないか。それが第一。それからもう一つ、いま係争中だからというのなら、あなたがたは、係争がおわるまで一〇年でも二〇年でも何もしないというのか。これもはっきりしてもらおう。」

水俣病第三次訴訟
訴状の検討弁護団合宿の翌日、県庁前にて。澤井裕教授（前列右から２人目）を囲んで。

御所浦島で住民から聞き取りをする。左は村上コズエさん。

ブラジル。水銀汚染されているアマゾン川の支流のタパジョス川のほとりで。馬奈木昭雄弁護士と。

水俣病全国連とチッソ㈱の協定書調印式
（1996 年 5 月 19 日・水俣市文化会館）

カネミ症被害者運動の支援にもかけつけた
1986 年 5 月 18 日）

和解時の記者会見
（1996 年 5 月 22 日・熊本県弁護士会館）

川辺川利水事業の事前協議が終了した瞬間。（2006 年 7 月県庁）（写真提供：熊本日日新聞社）

『千人の一歩』刊行にあたって

猪飼　隆明

板井優弁護士が逝って、三年が経過しました。あっという間の三年でした。

新型コロナのパンデミックという未曾有の体験を、人類がしなければならなかった、そしてまだしつつある三年でした。

日本の内閣は、安倍から菅、そして岸田内閣へと変遷しました。そして、何よりもロシアによるウクライナ軍事侵攻によって、世界が翻弄―この言葉が妥当かどうかわかりませんが―されているのです。

歴史は、単線的に発展するのではない、これは言うまでもないのですが、二一世紀に入って以来、とくに長期の安倍政権から、この三年間において、私たちは、歴史の進歩どころか、残念ながら後退を実感しつつあるのです。

かつて、第一次世界大戦後、ドイツ革命によってドイツ帝政が崩壊して、ワイマール共和国が成立しました。一九一九年一月の総選挙で選ばれた国民議会がドイツ共和国憲法を可決し、八月に大統領の承認を経て公布されました。チューリンゲンの小都市・ワイマールに召集された議会で制定されたので、ワイマール憲法と呼ばれるのですが、これはそれまでの世界に類例のない進歩的内容を持つものでした。国民主権主義（もちろん女性の参政権を含みます）を原則に、行政権に対する民主的統制のための措置を含む直接選挙的要素までも取り入れ、国民の権利についても、法の前の平等や人心の自由、表現の自由などの詳細な規定が盛り込まれた画期的憲法でした。

ところが、この進歩的な憲法体制のもとで、ヒトラーが、憲法制定の翌年にドイツ労働者党を結成し、それを国家社会主義ドイツ労働者党（略称ＮＳＤＡＰ）に改称し、多額の賠償を押しつけたヴェルサイユ条約破棄を叫び、食料供給と過剰人口の移住のための植民地確保を呼びかけ、そして何よりも、第一次大戦敗北の原因は、社会主義者とユダヤ人の裏切りによるのだと主張して、一九二三年にミュンヘン一揆を起こしたのです。この時、逮捕投獄され、獄中で執筆したのが『我が闘争』です。そのなかで、ヒトラーは「大衆は中途半端で力の弱い者には動かされない。大衆は女と同じだから、理性によってよりも感情に左右される。頭の低い人間よりも強い支配者を好む」と書いています。

そして、出獄後再建したナチスが臨んだ最初の総選挙でナチスは一二議席でしたが、四年後の一九三二年の総選挙ではなんと二三〇議席を獲得するのです。この間に世界大恐慌があり、失業者は六〇〇万人に上り、その失業者や、中小商工業者・知識人、そして青年層が支持者になったと言われています。ヒトラーは、財界と太いパイプを持つ前首相・パーペンと取引して財界と手を組むのですが、共産党が広がるのを阻止するためとして、財界はナチスに資金を提供するのです。その後、ヒンデンブルグ大統領から首相指名を受けたヒトラーは、一九三三年二月一日、国会を解散し、選挙は三月五日と決定した後、二月二七日に国会議事堂に放火し、「民族と国家防衛のための大統領令」「ドイツ国民への裏切りと反逆的策動に対する大統領令」の二つの大統領令を発して、ワイマール憲法の人権規定を停止し、この放火を「共産党の犯罪だ」として、共産党への大弾圧を加えます。

直後の総選挙の結果はどうなったかと言いますと、ナチスは二八八議席と伸びたのですが、得票率は四三・九%で、憲法改正に必要な三分の二に達せず、弾圧を受けた共産党と民主党が合わせて三〇%を獲得したのです。そこでヒトラーは、当選した共産党議員八一人（四八五万人の得票、投票数の一二・三%）を無効としたのです。ヒトラーは翌日、「本日をもってナチス政府がドイツ全土にわたって執行権を握った」と演説し、さらに三日後、「民族および国家の困難除去のための法律」＝全権委任法を公布して、ここにワイマール憲法は死んだのです。

なぜ私が、ここで長々とヒトラーとドイツの歴史について述べたのかと言いますと、この歴史が日本にとって大いに参考になると思うからです。ドイツ国民が、手に入れた民主的な憲法を国民が自らの歴史的成果として認識してそれを定着させる暇もなく、その民主的条項を利用して地歩を築き始めたのがヒトラーのナチスなのです。戦争責任の賠償の重圧に加え、世界大恐慌によってさらなる重圧を加えられた経済的困難の克服が、憲法の示す民主主義より国民の多くにとっては大きな意味を持ったのかもしれません。それを利用し、かつユダヤ人と共産主義をターゲットにして、勢力を拡大し、最後はクーデターなのです。

さて、日本の場合、日本国憲法は、長い日本人民の闘いの所産とはいえ、戦後占領ということなくしては、実現しなかったものなのです。その意味で、ドイツと同じように、それを根付かせるための闘いは不可欠でした。日本国憲法第九七条は、「この憲法が日本国民に保障する基本的人権は、人類の多年にわたる自由獲得の努力の成果である」と、「人類の成果」だといって、「日本人民の成果」だとは言っていないことに注意すべきだと思うのですが、だからこそ、第一二条に「この憲法が国民に保障する自由及び権利は、国民の不断の努力によって、是を保持しなければならない」と日本国民に努力義務を課しているのです。事実、憲法制定（改正）過程には、日本にも、「憲法よりメシだ」との声はありました。そして、一九四九年の総選挙での共産党の躍進や中華人民共和国の成立などを受けて占領政策を転換したアメリカ占領軍は、松川事件・下山事件などの謀略事件を引き起こしつつ、朝鮮戦争勃発と前後して、公然とレッドパージを指示し、さらに朝鮮特需を受けて神武景気を演出、政府は、一九五六年七月の「経済白書」に、「もはや戦後ではない」と書いて、戦後体制の終焉を主張するのです。この「戦後ではない」という言葉には、経済復興だけではなく、日本国憲法と戦後民主主義に対する破壊的挑戦という意味を含んでいました。

それでも、日本国民は憲法の精神を尊重し、それを生かすための不断の努力を積み重ねてきたのです。基本的人権などについては明らかに憲法の規定を豊かにしてきたと言えるでしょう。ここがドイツと違う所なのです。

いっぽうで、日米安保条約という軍事同盟によって、憲法はいたるところで傷つけられてきました。いつでしたか、女優の吉永小百合さんが、「ずっと戦後であってほしい」と言われたのを読んだか聞いたことがありましたが、これは日本国憲法の精神の維持を訴えた言葉であったのでしょう。私のこれまでの人生も日本国憲法とともにありました。私の方が少し先輩ですが。

ところがこうした思いを踏みにじって、二〇一五年九月に安倍政権は、安保法制を強行成立させました。これは、集団的自衛権の行使を可能にする許しがたい憲法違反なのですが、思い出されるのは麻生外相(当時)の発言です。二〇一三年七月二九日夜のシンポジウムで、「ある日気がついたら、ワイマール憲法が変わって、ナチス憲法に変わっていた。誰も気がつかないで変わった。あの手口に学んだら」と発言したのです。その時私は、あの麻生がどれだけのことを知っているのだろうと驚いたのですが、何よりこれは「クーデター予告だ！」と思いました。安保法制の強行は、その具体化なのです。安倍は倒れましたが、その精神は継続しているのです。

岸田内閣による、二〇二二年一二月一六日の安保三文書の閣議決定と、大軍拡と大増税の方針は、憲法無視の極みといっていいものです。プーチンによる無法な戦争に乗じての、火事場泥棒的政策なのですが、安倍以来のクーデター精神のまさに総仕上げ的意味をもつのではないか、と思うのです。

このようなことを書こうと思ったのは、この本のために行なった、板井俊介君との対談で、私は、私が思っていた以上に、板井君の沖縄での体験の持つ大きさを思い知らされたからです。沖縄は、アジア・太平洋戦争では言うならば日本によって見捨てられたも同然の存在で、そして戦後はアメリカの統治下におかれ、安保条約のもとで、これまた見捨てられ続けたのです。沖縄の人々は、その現実を直視し、幼いころからその現実と向き合ってきたのです。板井君も全くそうで、かつ高校卒業の時までたたかい続けてきたのです。彼の、熊本での、水俣病をはじめとする総ての闘いは、その延長の中にあったのではないか、と思ったのです。沖縄の闘いは、つねにオール沖縄を念頭に進められて来ています。「千人の一歩」はここに根ざしているのです。

「千人の一歩」は、確実に歴史を前進させる力になるでしょう。マルティン・ニーメラー（ドイツのキリスト教の牧師）の警告の詩が訴えるように、隣の身におきていることを我がことと認識して、誠実に反応して一歩を進める、今こそ、その一歩が必要なのです。

そして、その名にふさわしく、本書には、多くの方々から、お言葉を寄せていただきました。ありがとうございました。

（二〇二二年一二月二三日記す）

板井優追悼集　千人の一歩／目次

板井 優追悼集

千人の一歩

ふり返れば

潮谷 義子

自分の来し方をふり返る時、信頼、畏敬の念、「頭を垂れる」ほどの人物と出会えたことは、なんと幸せな事だろう。そのような出会いは時間の長さや密度の濃い交流回数の多さで決まるものではない。私にとって板井優弁護士はそんな存在のお一人かも知れない。

先生の著『裁判を住民とともに』の出版時、私は「帯」を書いた。出版された後、私は幾人もの人から〝なんば考えとっと?〟〝貴方はこの弁護士と対峙する立場にあったのに…〟、あるいは、断ればよかったのに等々、助言とも忠告ともつかない言われ方をした。にも関わらず熊本日日新聞社文化生活部から先生の追悼に寄せて文章をと依頼され、躊躇しながらも引き受けた。

そして性懲りもなく、このたびは『千人の一歩』の原稿までも引き受けてしまった。

先生と私の立場は明白に対峙するものであった。知事就任時、県政の最大の課題は、川辺川ダム問題、水俣病、ハンセン病国賠訴訟など、立ちくらみするような課題が存在していた。そのいずれにも原告側弁護士として「板井優」の名前があった。しかも〝裁判負けなし〟〝手ごわい〟〝理屈も、知性もエネルギーに満ちている〟等々、「恐るべし」の評価があった。遠目で観察すると、まるで童児のように柔和であった。まさにイメージギャップ！

先生にとっての私

先生御自身が私について述べられている文章がある。それは、先生の母校・首里高校での講演の中の一部に見出すことができる。

『熊本日日新聞』に御自身の事を連載され、後に一冊の本にされた時のことを生徒さんにお話しされた中に「何を思ったのか潮谷義子さんという人が本の帯を書いてくれた。この人は裁判の相手方、知事です」と。

御本人でさえ「何を思ったのか…」と事の成りゆきに不思議と思われていたようである。先生にお応えする時間もなく、先生は逝ってしまわれた。

私が何を思って三回も書いたのか。先生の問い、友人、知人の疑問にもこたえたい。

それは、とても単純な、しかし妥協しない生き方に私を育てた人達が重なっているからである。加えて先生の川辺川利水訴訟の取り組みの姿勢がある。

母校での講演内容は母校の若者のみならず、まるで今を生きる私達への伝言であり、使命、問いかけでもあると私には思える。ヤナワラバー弁護士とは何であるか、自分の生きざまを率直に伝え、その判断、感想は聴き手に任せられている。しかし、一貫してヤナワラバーとは単なる悪ガキではない。産土(うぶすな)の地を穢さず、傷つけず、損なうことなく誇りを持ち、愛してやまない心を持ち続ける力ある存在であると私は思う。

大学で

私は一九五八年、日本社会事業大学に入学した。同級生、先輩にパスポートとドルを持ち、内地留学生として在籍していた沖縄からの優秀な学生達が居た。彼らは六〇年安保の時、再び不平等な法の現実下に生活したくないと言い、戦禍を逃げまどい、目の前で肉親、身内を失うことが判るかと問いつめられ、その表情と口調に私は恐怖を覚えた。沖縄本土復帰運動に関心を持つ先輩達は、〝我々が願う本土復帰運動とはこんなもんではない〟となげく。〝ヨッチン、わかるか〟と問われてもわからなかった。当時のこの大学は社会調査と実習、卒論を重視する科目設定であった。現場を知り、福祉対象者を主座に、ニーズを把握し、ソーシャルワーカーとして対応することと指導を受けた。

沖縄で

卒業後、私は沖縄に帰った同級生達に「観光地めぐりではなく、貴方達が伝えたい、みせたい沖縄を訪ねたい」と伝えて旅行をした。クーラーもついていない車で彼らが案内してくれたのは、戦禍の跡が色濃く残ったままの壕、門中墓、多くの女性たちがバンザイをしながら自殺した個所等々に連れて行ってくれた。車中では、自分達一族のいのちが戦争によって奪われた現実を話してくれた。抑圧され、法の不平等、人権侵害を身をもって経験した者の話、想像ではない沖縄の現実にことばをうしなうばかりであった。

結婚を機に大分県で働くことを決意し、面接を受けた。当時の私は学生時代から経済的に髪をカットするのも惜しく、のびるままにし、頭の上に髪の毛を束ねていた。面接の上司は〝君は沖縄の女性みたいだね〟と声をかけてくれた。私はこの上司に徹底して「いのちの価値は老いても、障がいがあっても、大人であれ、子どもであれ変わりない平等」と教えられた。上司は沖縄出身。この上司から現場を知ること、生活保護を却下したケースを忘れず、どう過ごしているかと気にすること、権力におもねることなく一回きりの自分のいのちをうらぎらないことを言いきかせられた。

板井優先生の生き方にも相通ずるのではと考えた背景に川辺川利水訴訟がある。農家の真実を知るために現地に通い、勝訴に導かれた姿はまさに、今回のテーマ『千人の一歩』の理念の具体化、実行されたものと思う。多くの人々の賛同と理解、行動を先生は「力ある正義」と呼んでいる。

力あるヤナワラバーとは、「法に適い・理に適い・情に適い」（下筌ダム争議指導者・室原知幸のことば）正義に基づくものと私は思う。ヤナワラバー・板井弁護士の歩みは「歴史に向き合い、人に向きあい、いのちに向きあう」ものであったと、その足跡は如実に物語っている。先生が高校生達に話した「人が作った仕組みは必ず人が変えることが出来る」ということの前提にこの姿勢が存在して初めて弱い立場の人々のニーズにより添った仕組みに変化するものであることを私は学ぶ。

私は大学一年の時、憲法二五条に生活保護法は違反していると裁判で訴えた「朝日行政訴訟」の法廷に、法学の先生と共に参加したことがある。そこで法解釈の多様さ、法に定める〝健康で文化的な生活〟の捉え方に地域差があることを前提にした学者の論述に驚いた。憲法二五条には、日本で初めて、社会福祉、公衆衛生という文言が登場し、生存権保障が謳われた。これを訴えられた「朝日茂」さんにお会いしたいと岡山療養所を訪ねた。生存権が保障されない現実、全国の結核患者の状況を学生の私にも分かることばで静かに話された。歳月は要したが、その後、生活保護法の基準の仕組みの一部は変った。しかし、私はこれと同質の経験をした。それが「水俣病」である。行政判断と司法判断の違いである。今、尚この状況は続いている。

板井先生は、母高校の若き後輩達に、「自分の夢に向かって一生懸命がんばって下さい」とエールを贈られた。このエールは、私達にも与えられたものと思う。志高く歩みたいと願うばかりでなく、行動を伴いつつ歩みたい。

沖縄本土復帰から今年は五〇年。その節目に、先生を偲び、追悼集に寄稿する機会が与えられたことにお礼を申し上げたい。

（社会福祉法人慈愛園相談役）

宇野昭彦先生（左から２人目）と飯田山別荘にて

宇野　昭彦

ただいま御紹介頂きました熊本県保険医協会の宇野でございます。

私たちと板井さんとのお付き合いは、最初、熊本県保険医協会を通じてのものでした。板井さんのご夫人・八重子さんは、すでに協会の会員となっておられ、役員としてのご努力を頂いていました。そのうち協会の新しい運動として、県民の健康を総合的見地から考え「熊本健康会議」という組織を、すでに会員であった水俣病の原田正純さんらの発想で発足させましたが、その構成役員には、医師以外の各界の方たちを多数ご参加願ったのでありますが、法曹界の代表として板井さんのご参加をお願いしたのであります。

それからの「熊本健康会議」は、その方達のご努力によって、いろんな活動を積み上げて参りました。板井さんの分野では、川辺川ダムについての講演会、現地視察、また、水俣病に関しても、原田さんとご一緒に、そのための医家に対する特別な講義や講演、また現地の視察など主催して頂きました。

これらの行動は、広く世間のためになったばかりでなく、現役の我々開業医をその閉ざされた診療室から開放し「社会」というものを広く深く認識させるためにも、大きな力があったものと有難く存じています。

それから板井さんとは、もう一つの全く違った面での交渉がありました。私が県保険医協会の会長職を退いた時に、もともとその気運があった「我々の合唱団」を作ろうということで、ここにご臨席の猪飼さんにご指導を願って「サルーテ」という混成合唱団を立ち上げましたが、その団員として板井ご夫妻も喜んで参加されたのであります。この合唱団は、猪飼さんの熱心なご指導によって、稽古にも励みましたが、そのあと会員一同（女性会員も含めて）近所の居酒屋になだれ込み、ビールの滴を引きながらのパーティーを楽しみました。「サルーテ」という名称は、ご承知の通り、イタリア語で乾杯という意味だそうですが、それを決める時、誰一人もの反対がなかったという事自体、皆さん、アルコールアレルギーの方は居なかったという証拠でしょう。板井さんご自身は至って寡黙な方で、いつもただニコニコとしておられましたが、不思議と私とは話しが合い、いつも隣同士に座ってとりとめもない雑談を交わしていました。懐かしい思い出です。

また、ご遺族に関しても、お二人の息子さん達は、医師として、また、弁護士として、夫々歴とした地歩を占められる方達で、板井さんとしてもご異存はないものと存じます。
改めて氏のご冥福をお祈りして、お別れの言葉と致します。

「ヤナワラバー弁護士　板井優氏を偲ぶ千人の一歩」でのあいさつ

（熊本県保険医協会名誉会長）

優の思い出

末吉洋子（長女）、具志堅清志（二男）、具志堅三好（三男）、具志堅進（四男）

ある時、優は、沖縄に帰って弁護士をしたい、基地問題にも取り組みたいと、私たちに相談したことがある。

唱歌「故郷」の二番・三番の歌詞（沖縄方言バージョン）を聞くと、いつも優のことを思ってしまいます。

ちゃあそうびぃがや　すーあんまー　かわりねぇらに　ドゥシンチャー
(如何にいます　父　母)　(つつがなしや　友垣)
あみに、かじに　吹かりてぃや　うむいいじゃすさ　うまりじま
(雨に　風に　ふかれても)　(思いいずる　故郷)

くくるざし　はたさに　いちぬ日にか　けぇぶしゃ
(こころざしを　はたして)　(いつの日にか　帰らん)
やまぬちゃらさ　うまりじま　みじぬぬちゃらさ　ぅまりじま

（山はあおき　故郷）（水は清き　故郷）

コロナ感染症の影響で、私たち兄弟四人はなかなか会うことができなかったが、感染が落ち着いた令和三年一一月二〇日、一年半ぶりに兄弟四人が揃った。そこで、優の思い出について語り合った。

母が、戦争中、那覇大空襲のあと、親戚の子（一、二歳）を自転車の後ろに乗せて那覇からやんばる（沖縄本島北部）を目指して逃げているとき、途中、日本軍のトラックの荷台に乗せて貰ったそうです。そこで、母は「沖縄は大丈夫ですか。助かりますか」と聞いたら、日本軍の兵士は、「沖縄の人は助からないでしょう。日本のために命を捧げる」みたいなことを言われたそうです。そのことを聞いた母は、怒って、「すぐに降ろしなさい」と言って、そのトラックから降りたそうです。母は私たち兄弟によくそのことを話していました。その話を聞くと、母と優がダブって見えるんだよね。

三好…僕が、小学一年生のころ、近くの駄菓子屋の前を通った時、店の主人（オジサン）がこの指を触ってごらんと言われた。近くによって触ってみると、ぎゅっと腕を巻き上げてきた。とっても痛かった。「痛いよー」と泣いたら、このオジサンはゲラゲラ笑っていた。それを遠くで見ていた優がいた。

その日の夕方、優は、２Ｂ弾（パーンと鳴る花火）を街の花火卸売店から一箱（一〇〇本入り？）買ってきた。そして、その駄菓子屋の横でそれを売り始めた。その駄菓子屋では三本で一セントだったのを、四本で一セントで売ったのでした。当然、すぐに子供たちにうわさが広がり、大いに売れました。優は、2B弾を売るのを友達にまかせたりしながら、一箱を売り切り、さらにもう一箱買って、売りさばいていたよ。

優は、頭の良さと行動力で仕返しをしてくれたんだなぁと嬉しかった。まぁ、同時に、本人はしっかり稼いでいたから、その辺すごかったね。

またある日、リヤカーを用意して、子供を一〇名くらい集めて、僕も弟・進も含まれていて、進は当時三、四歳で、近所でもとっても可愛いと評判だったね（当時は…）。優はその子供たちにアイスキャンディーを一本ずつあげ、その代わりに近所をまわって、業者に有償で買い取ってもらう空き瓶を集めさせました。近所のおばさんたちは「おばさん空き瓶頂戴」とかわいい顔して言ってくるので「いいよ、持っていきなさい」と喜んで出してくれました。それを大きな子がリヤカーまで運んでいく。リヤカーは見る見る空き瓶でいっぱいになった。おばさんも子供たちも喜んで、それを優の友達が売って、みんな喜んでました。優は子供の頃から、人を喜ばせながら、使うのがうまかったよね。

―優は、いつ頃から、変わったのかな。

清志…僕は優と年も近いことから、優のことを「マぬけのサル」とか言いながら、よく喧嘩したなぁ。そんな優は、中学二年くらいの頃、突然、人生を語り始めた。そして、貧乏だったにも拘わらず、優は親にお願いして塾に行き、猛烈に勉強をはじめた。同級生の影響を受けたらしかった。みるみる成績があがり、学年トップになったんだよね。同時にいろんな本を読み始め、また、旧制第一高等学校（東京大学教養学部や千葉大学医学部の前身）の寮歌をよく歌っていたなぁ。バンカラへのあこがれもあったと思う。そしてその頃、優は、インテラディンシー・知性で民衆を救いたいと良く言っていた。

その後、優は首里高校に入学し、生徒会長になった。当時の生徒会は、復帰運動や基地闘争という沖縄独自の雰囲気のなかで、社会運動もするという感じだったから、いろんな人と交流していたようだった。

そんなある日、優は、僕に、基地運動を取り組んでいる人たちから、人権について学んだと言っていた。「人権に対し、根源的に、意識して行動している人がいることに驚いた。普通は気づきもしないところに人権がある」と言っていた。

そして、「人生の幸せは、目標のために頑張っている過程にこそあるんだ」と言っていたことが忘れられない。優のその後の人生をみたら、まさにそのとおりだなと思うよ。

進…僕は、年の差があって、優をよく知らない。靴（軍靴みたいなものでした）を磨け、部屋を片付けろと怒鳴り、たまには頭を平手でボンと叩く怖い兄ちゃんのイメージしかなかった。皿に大盛にした苦いゴーヤーチャンプルを食べさせられ、泣きながら食べたのを覚えている。

でも、僕は優に助けられた。高校を卒業して、優を頼って熊本・水俣市に行き、そこで三年間暮らした。それがあって今の僕がいると思っている。たまに優の家に行くと、腹減ってないか？　シチュー食べるか？と聞いて、さっと作って食べさせてくれたりした。優は料理も上手いのだ。大きくなった僕に優はやさしく接してくれた。

忘れられないのは、一度、優と言い争いをしたこと。二〇歳の頃、水俣で、優と三好と飲んでいる時だった。私は、その時、優に言葉で押さえつけられていると感じ、それに反抗して、大声で言い返して、（おそらく捨て台詞をはいて）その場から立ち去りました。後日、三好が「優は、すすむー、すすむーって言いながら泣いていたよ。かわいそうだったよ」と言っていた。反省しています。

洋子…私の目に浮かぶのは、優の「小さな手」。板井という姓を名乗ったことに対する父の怒り、失望、そのことで優が私に会いに来た時のこと。その手を見て、その手で、「弁護士板井優」は、大きな世界に踏み出していくのか、と。

優は、本土復帰前、高校卒業後、多くの別れの紙テープで彩られた船に乗って那覇港から本土へ向かった。沖縄と本土の文化の違い、生活環境の違い、言葉の違い、その中で同等に生きていくこと、その困難に挑戦した優。弁護士になったけど、板井を名乗ることになったことから、両親（主に父）との間で、軋轢が生じた。私は、その時、優の小さな手を見て、優を助けてあげよう、やってあげなきゃと決意した。両親と優との間に入り、「優たち家族を助ける、優の応援団長になろう」と。

優も、親の理解をえるため、正月と夏は必ず子を連れて、沖縄に来た。八重子も来た。子供たちだけで沖縄に来れるようになると（ジュニアパイロット）、一週間は私の家で過ごし、残りの一週間は、両親の家で過ごすようになった。滞在期間が終わるころ、優、八重子が沖縄に来て、具志堅家が集合して交流し、熊本に帰っていくということが何年も続いた。その時も私は応援団長だった。
そんな私が、優に助けられることになった。私の元夫との関係で、精神的に追い詰められて、大変な時期があった。その時、優が「ねぇーねぇーは僕が守るから」と何度も言ってくれた。当時、いろいろ抱えていて、精神的にも経済的にも追い詰められていた私を、優は全力で支えてくれた。そのことは兄弟みな知っているけど、弁護士としてとっても忙しいはずなのに、時間をみつけては何度も何度も沖縄に来ては私を励ましてくれた。経済的に苦しい私のために、自宅でできる仕事を発注してくれたり、援助してくれたりと、本当にありがたかった。優のおかげで、私は立ち直ることができた。そして、私が、「実家で老いた両親の面倒みながら暮らしたい」と希望したら、優が中心となり、兄弟の出資（このあたりも優が中心となり）で実家の改装をした。そのおかげで、私は、両親を自宅介護し、みんなで、自宅から、父を、そして母の旅立ちを見送ることができました。優、ありがとう。

三好…優は、親の面倒もよくみてくれたよね。年末、大みそかに沖縄にきて、正月二日には熊本に帰ることをルーチンにしていた。実家に帰ると、優は、「わったー（我らの）かあちゃん、わったーかあちゃん」とニコニコして母に抱きついたりして、おおはしゃぎだったね。優が来る年末年始は、いつも兄弟の家族が集まり、両親を囲んでよく食べ、よく飲み、議論もしたね。その中心にはいつも優がいたよね。それと親父・お袋をよく旅行に連れて行ってくれた。親孝行だったよね。

清志…僕が、那覇市役所で勤務していたころ、僕を訪ねてきて、当時の沖縄県知事・大田昌秀さんと面

父・興一、母・清子 85 歳祝い（左から優、三好、興一、清志、洋子、進）

会したいからと、那覇市や沖縄県の労働組合の人を紹介してくれないかと言ってきました。僕は、優の人脈を使えば、割合簡単に大田昌秀さんと面会するこができるはずなのに、なぜ、わざわざ僕に紹介を依頼してきたのだろうと思った。僕が紹介した人に、優が熱く語りかけているのを、離れたところから見ていたけど、ふと、優は、いろんな人とのチャンネルを持つことに取り組んでいたのだと感じた。「一人の千歩より、千人の一歩」を実現するためだったと思う。

三好…いい話ばかり続いているけど、優は、聖人君子じゃないよね。優は隣り近所のガキ大将みたいなところがあった。そんな優が大好きなんだよね。

洋子、清志、進…うん。

洋子…両親を天国へ送り出したすぐ後に優は病に倒れた。旅立つその年の正月も病をおして、沖縄に帰省した。そして二ヵ月後、旅立った。コロナで偲ぶ会への参加を直前にキャンセルせざるを得ない状況に、とても辛かった。私は心と身体の病からやっと回復しつつある。優ありがとう。本当にありがとう。感謝以外に語る言葉がありません。

兄弟みんな仲良くして生きていくからね。

板井君のこと

長嶺　將邦

昭和二四年生まれ、団塊の世代である。小学校一年次は大道小学校に入学し、二〇組余り、学校の教室では足りず、公民館も使うほどであった。二年次はとうとう分離せざるを得なくなった。松川小学校が出来た。当時はまだ校舎もできていなくて大道小学校での間借り授業であった。二部授業をしていた。

彼とは小学四年生のとき同じクラスになった。

彼の住んでいる三原地区と松川地区では地域が離れているので余り話や遊ぶことはなかった。当時のクラスメイトに聞くと、時々山学校（授業をぬけだしてさぼること）していたそうだ。先生を困らせていたとのこと。当時の松川小学校は開校したばかりで周辺の環境整備がされてなくて、学校の周りは遊ぶのには格好の場所があった。ひばりが丘と呼ばれていた所をブルドーザーで整地してできた学校なので、まだ小さな丘があり、水溜りがあった。授業開始のベルが鳴るのも忘れて遊ぶのに夢中になっていたと思う。

那覇市立松川小学校（現在）

中学も山学校？

真和志中学校に入学する。当時の真和志中学校は超マンモス校で、一年生はクラス数が一八組、一クラス約六〇人、一年生が一〇〇〇人余、二年生は九〇〇人余り、三年生が八〇〇人余りで、全体では三〇〇〇人弱、県内でも一、二を争う生徒数であった。運動場がなくて、中庭（バスケットボールのコートが二面しか取れなかった）で朝礼をしていた。全体朝礼をすると、普通の前倣いができなくて小さい前倣いしか出来なかった。高校に入学して全体朝礼の時の号令で前倣いをすると、真和志中学校出身は小さな前倣いをするのですぐに同じ出身校ということが分かった。長年の習慣はすぐには治らなかった。運動場のない中学校であった。

彼も皆と同様にクラブに入る。柔道部に入り、熱心に練習もしていたそうだ。お世辞にも強くはなかった。原因が栄養不足とは知らなかった。彼の『ヤナワラバー奮闘記２』によると、粗食で力がでなかったとのこと。当時の柔道部は強かった。強くなりたかったであろう。ただ途中でやめている。柔道部は不良っぽい者もいた。そこで彼らとの付き合いもできた。彼は悪いこと、いじめること、威張ることをすることはなかった。

二年次は先生を困らせていた。担任は数学の女性のベテランの先生で、いつも彼のことを気にかけていた。「優君は授業に出ていないね」。ある女生徒に「彼はほんとうは頭はいいのだがね。何とか真面目に授業を受けてくれればいいのに」と嘆いていたそうだ。

二年の後半になると哲学的な話をするようになった。「存在するとはどういうことか？　存在しているが、認識していないと存在していないということになる。でも、存在していると認識しないといけないのではないか」とか、私にはよく理解できなかった。とことん事実を見つけることによって見えないことが見えてくるということだろうか。哲学家になったようだ。その頃から真実と善悪を追求することの大事さを考えるようになったのではないかと思う。

中学二年の春休みは、仲間七名と初日から、始発のバスに乗り、石川市まで行き、さらに東村（本島北部の太平洋側）の宮城まで行く。そこの近くの浜でキャンプをする。五泊六日の冒険の始まり。当時はキャンプ用品はない。あるのはアメリカ軍の払い下げ品の三角テント、飯盒、寝袋などであった。浜でテントを張り、食事は給食の残り物のパン、米、缶詰、海で取った海藻であった。砂混りの汁は大変であった。細かい予定はなく、行けるところまで行く。あとは大宜見村への横断の旅。徒歩とヒッチハイク、うまい具合に青年開発事業団のジープに乗せてもらうことができた。塩屋が次のキャンプ地であった。塩屋大橋ができてまだ間もない。やんちゃなメンバーは欄干に上がってちゅーばーふーなー（強がり）をする。彼はそこまではしなかった。キャンプでの彼が何をしていたのか、どういう役割を担っていたのかがよくわからなかった。あだ名が付けられた。「にーぶい優」と。しっかり起きてはいるが、何となく眠むたそうな表情であった。

参加した当時の仲間に聞くと、一人は参加はしていたがよく覚えていない、また一人は参加していたかも覚えていなかった。当時の彼は、まだリーダーシップを発揮することはなかった。みんなについていくのみであった。想像もできない。

三年になると、塾に通う。教育熱心な両親は、家計が苦しい中であったが、やりくりして塾の費用を工面した。近所の仲間に聞くと、

成績優秀者として新聞に掲載される

いつも夜遅くまで電気がついていたとのこと。努力は実った。

当時は高校入試のための模擬試験があった。琉球新報社、沖縄タイムス社の新聞社による模擬テストである。一九六四年一〇月に行なわれた沖縄タイムス社主催の模擬試験の成績は総合（英語、数学、国語、理科、社会、音楽、美術、保健体育、技術家庭、九科目であった）で三八番（二万五〇〇〇余人が受ける）、一部の科目では国語二九点（三〇点満点）でトップ、社会も二九点でトップとなっている。成果を出した。二年の時の先生が言われていたことが証明された。努力に勝るものはなしである。琉球新報社主催の模擬試験も同様に成績は上位であった。三年のクラス仲間に聞いても

真和志中学校の卒業写真（後列左から３人目）の具志堅優

ユウディキャー（成績優秀）であった。勉強ばかりかというとそうではなかった。時々は不良たちとの付き合いはあったそうだ。交流する仲間に幅があった。

中学卒業写真をよく見ると、彼だけが腕を組んでいる。何を見つめているのか、それとも何か思うところがあったのか。

小学生、中学生、ヤナワラバーと自負していた彼が何をきっかけに勉強や本を読むようになったのか知りたい。再会したならば教えてほしい（叶わぬことだが）。

具志堅（板井）優への想い

座間味　眞

具志堅優は私の人生に大きく影響を及ぼした人物で、ここではあえて具志堅と呼ばせてください。彼との出会いは首里高校一年でクラスが一緒になったからです。彼は一学期の学級委員長で、私はレクレーション委員をやりました。後日わかりましたが、担任の先生は受験試験の成績の良い順から委員長を打診し、一番の人が断ったので、二番目の彼が引き受けたとのことです。たぶん入学時の校内成績はベスト一〇以内だったと推測されます。

彼も私も青春を謳歌しようとの考えで一致し、学校の勉強より学級活動をいろいろ企画し、予餞会での芝居や自主的（学校に報告なし）な遠足などをやりました。夏休みには陸の孤島と言われていた沖縄本島北部の東側を、嘉陽集落から辺戸岬まで七名で二泊三日かけて歩きました。簡単な地図しか持ってなく、一周道路から外れ、この農道が近道だと彼が言い張り、その通りにしたら近道でした。理由は忘れましたが、彼一人遅くなり、二泊目の集落になかなか現れません。こちらは日没前には到着しているのに。当時は集落の自家発電で夜九時には消灯になり、暗闇になります。気が気でなく迎えに行こうとしたら、消灯の一〇分前ぐらいに平気な顔して現れました。ハブに遭遇しなかったのか？　遭遇しても気づかなかったのか？

三学期の修了式の後で、クラスで集めた会費の残りをどうしようか役員で相談しました。私は等分して皆に返すべきだと述べました。彼は皆に分けても作業が面倒くさいし、役員で首里名物の山城饅頭を食べようと提案しました。彼の意見が通り、店に行き役員で食べようとしたら、どこかで聞きつけたクラスメイトが来て、結局一〇名位で食べました。これらの事例のように彼は図太いし、少数意見を多数意見に変える才能があります。

彼は小説や社会問題の本を多く読み、私らにどう思うかと良く問いかけてきて、議論になることもありました。私も感化されて読書量が増えていきましたが、大体言い負かされてしまいました。常に一歩先を行きたがります。でも、女の子の誰を誰が好きらしいって話にも乗って、アドバイスしたがる面もありました。

高校二年生も同じクラスになりました。生徒会は年の前期と後期に分かれ、高校二年生が活動の中心でした。役員のなり手がいないので各クラス（一四クラス）から少なくとも一名は立候補させるルールになっていました。立候補させられた多くは「私に投票しないでください。協力は惜しみませんから」みたいな演説をしていました。彼はそれに憤慨していて、前期の応援団長に立候補するようしきりに私に迫ってきました。「なら、お前が立候補すれば」と返したら、「自分は後期の生徒会長に立候補するから、ぜひ頼む」と言い寄られました。彼の熱意に押されて立候補し、応援団長になりました。当然ながら彼も団員となり、仲間数名も団員となりました。私はそれまで学級委員長を小学六年生にやっただけで、大きな組織のリーダーになったことはありません。今でも人と話をするときは相手の目を避けがちです。しかし、この経験から、周辺から文句を言うだけでなく、中心で実施するのが大切だと実感しました。野球だけでなく、サッカー、バスケット、陸上大会の応援もしました。陸上大会では約六〇キロ離れている会場に前夕からヒッチハイクで出発しました。具志堅が作業用の自転車に乗り、時々後ろに一人ずつ乗せて移動した記憶があります。早朝には会場につきましたが、眠りこけてしまい、ほとんど応援しませんでした。

後期になると、自身の生徒会長だけでなく、仲間を募り生活部長、体育部長、応援団長などすべての役員に立候補させました。生徒会が乗っ取られると反発もありましたが、全員当選しました。ここからは生徒会の存在を意識する生徒も増えたかとみられ、一期後輩も集団立候補しました。野球部偏重の予算配分を改めたこと、新しいイベントとして、「養秀何とかの集い」を開催したことなどを思い出します。この集いは、学校側は当初渋っていました。当時は体育館が無いので教室の壁を三ヵ所取り外して設営し、そのころは不良っぽくみられていたエレキギターなども演奏されました。

生徒会役員を中心とした仲間は、今だから言えますが、彼の家の屋上や私の親の耕作放棄地や多めに見てくれる仲間の家などで、ビールなどを飲みながら談笑しました。彼はその場で世の中を変えるために政治家になるとよく言っていました。東京大学卒の弁護士で琉球政府の副主席だった知念朝功氏の家に数名で押しかけ、議論し、感銘を受けたとも言っていました。彼は校内にとどまらず、各高校の生徒会と連絡を取り合い、生徒会連合なるものを構想していました。ある生徒会長が吹聴したため、教師の耳に入り断念したと話していました。

高校三年生になるとクラスも別になり、私も高校二年生の二月半ばから受験モードに切り替えたので、彼らとの付き合いが少なくなりました。具志堅は校内外で交際範囲を広げ、沖縄問題の集会、デモにも時折参加していました。そして、彼との会話から私の知らない人物の名前が出てくるので、ますます活動範囲は広がったとみられます。

彼は、顔のつくりはいまいちだし、少し蟹股で、スポーツも上手ではありませんが、女性、特に硬派の女性にもてました。人生、社会問題、政治問題を熱っぽく語る姿に惚れてしまうのでしょう。

いろいろ行動しているにもかかわらず、彼は留学試験に受かり、熊本大学法学部に進学できました。やっぱり、頭がいいんでしょう。私も受かり、東京の大学に進みましたが、その頃は学生運動が激しい時代でした。彼は大学自治会の副委員長をやり、年上の医学生と結婚したと聞きました。彼が司法試験の勉強のため東京に移住したのがわかったので、アパートを訪ねました。太って顔が丸くなり、高校時代の野性的な風貌が変わっていました。子供を高く掲げた時、腰を痛め少し足を引きずるようになったと。相当がり勉したと思うが、熊本に帰り、弁護士になったと。

彼が水俣で開業しているので訪れました。水俣病の裁判の事務局長をやっていて、今にも体を壊しそうな激務をこなしているのに、時間を作ってくれました。「なぜ、水俣の事務所を」の質問に、田舎でも法律相談などがしやすいようにとか。市の一〇〇人委員会があって妻はメンバーなのに、自分は煙たがられていると。私からすると、東京四割、熊本市四割、水俣二割の滞在なのに、これ以上やったら体がぶっ壊れる、となだめました。一部埋め立てられた水俣湾の公園に案内してくれました。菜の花が黄色くまぶしい中で、公園ができたいきさつや、水俣病の問題はまだ残っていると。話は尽きません。

五〇歳過ぎたころから四年に一回の首里高校の同期会に毎回参加するようになりました。熊本の沖縄県人会もひっぱっていました。ゆっくり昔話に花を咲かせたい気もしましたが、まだそんな年でもないと互いに思っているのか、その機会を持っていません。同期会でも彼は交際範囲が広いのであちこちから声が掛かります。いずれゆっくりと思っていたら、突然の悲報。早すぎるよー。どういうわけか生徒会の役員をした半数ほどがすでに鬼門に入っています。あんたまで真似しなくてもいいのに。図太さ、厚かましさ、理屈っぽさでもっと先のはずなのに…。

沖縄の復帰前に教公二法の問題があった。教員の身分を保障するために地方公務員法と教育公務員特別法が当時の立法院（議会）で審議され続けられていた。この中に政治活動の制限、争議行為の禁止、勤務評定の導入が盛り込まれていた。沖縄教職員会（校長などの管理職も会員）などは沖縄民主党などの与党が祖国復帰活動をつぶすものだとして、反対していた。抗議活動をするため多くの教員が立法院などに詰めかけていた。

このため、先生方が休んで授業がなくなることが頻繁にあった。この件に関して優を中心として生徒会役員やヒージャー会員（ヤギが紙を食って栄養にするように、なんでも体験して自分を磨こうとするグループ）が職員室に押しかけ、何で休むのだと抗議した。自習で遊べるから本当はうれしいんだけどネ。何とはなしに私もついて行った。例のごとく激しい口調で、「生徒へはさぼるなと言って、自分たちは休む。生徒には学ぶ権利がある」と食い下がった。また、「生徒たちにはあれこれやるなと言いながら、先生たちは勝手にやっているではないか」と。先生たちも社会科担当を中心に沖縄の現状を訴え、応戦していたのを覚えている。結局、生徒たちは納得しない形でその場を引き上げた。

後でわかったことだが、その数ヵ月後に優は他校と連絡しあい、生徒会連合を画策し、祖国復帰の集会、デモなどに参加している。先生たちへ不満を言っていたのに、一方で運動に傾斜していく経緯を私は知らない。高校二年の二月下旬から私は沖縄を出たく、受験のがり勉を始めて、彼らとの付き合いが減ったので…。当時の彼の思想の変遷に興味はあるが、すでに問う事はできない。

マサルのこと

富山　嘉夫

二〇二二年二月一日、先立ってしまった親友・板井優、彼の事を思い出しながら書き出して三日目、八重子から〝「水俣胎児との約束」医師・板井八重子が受け取ったいのちのメッセージ、有機水銀による胎内汚染の真実を追求した女性医師の衝撃の記録〟という書籍とＣＤ、新聞記事の切り抜きなど、彼に関する一式の資料が送られてきた。

一通り、目を通して思ったのだが、私とは色々あって、縁が切れてからすでに四〇年くらい経過したのだろうか。その後、波乱万丈の人生を、学生時代からの理想を全うして、彼は精一杯生きて満足しながら燃え尽きた、と思う。八重子の存在、真摯な研究姿勢が大きな刺激、励みとなって彼を支えたのだと、すぐに理解できた。彼の性格上、愛情に溺れる人間ではない。彼の能力を最大限に引き出すには、このようなパートナーの存在が絶対的に必要な条件だ。彼と切れた事情については執筆の趣旨と大きくそれてしまうので、ここでは割愛する。

彼の生きて来た、この四〇年間、私との関係は空白期間だった。私の知っている、彼の生きていた証は、それ以前の期間、書物やマスコミなどで公になる以前の「悩み深き青年の葛藤の日々」と言った方が適切だろう。彼と過ごした高校時代からの十数年に及ぶ青春時代の出来事を思いつくままに記した。


追悼文という事で書いたが、私は彼を追悼する気はない。

追悼とは、誰かの死を悼み悲しむ気持ちを表明することらしい。

逝った逝かないは心の問題だと思っている。

私はこの四〇年間、物理的な交流は切れても、彼との議論は醒めず、変わらず、ず~っと続いていた。

それくらいに真剣で、本気な繋がりだったからこそ、身近な存在感はどうでも良かったのだろう、と思う。


私は亡き父や母の場合もそうだったが、今回も親友の死を悲しんではいない。

私は…彼とは異質の人間。ここは、自分の事を書く場ではないので詳細は割愛するが、父の影響もあり、人を愛する事の出来ない人間、悲しみという感情のない人間として育ったように思う。


彼の心にはいつも「厭世と楽天」が同居しており、矛盾とも思えるような複雑、アンバランスな感情の中で常に悩み…それでも、彼の本質は非常に真面目、真剣な生き方を追及していた。それを、言葉にして、私にも求めてくる点が気に食わなかったのだが…。

共通点のない、思想も生き方も異にする二人が友人となり、互いの生き方について毎日のように夜中まで議論する。人の関わり方、つながり方に理由はないのだろうか？

高校二年の暑い夏のある日、彼の家の二階の屋上で夜中まで語り明かした事がある。

惚れた女に関する非常に客観的な心理分析を延々と聞かされたことがある。理性的な評価をすれば自分とは価値観の違う、興味を持てない女だが、理屈抜きに感情の移入だけは止めようがない、という悩みだった。黙って聞いていたが、最後に私の感想を言った。

「五～六歳の時に可愛がってくれた婆ちゃんが死んだ。なぜか、悲しくなかった。棺桶の中を見ながら、人は死ぬんだ、誰でも、みんな死んでこんなになるんだ、と思った」

「人間の出会いには必ず別れがある。親子、兄弟姉妹、夫婦、友人、例外はない。おまえが女を好きになるのは勝手だが、費やす時間の浪費とエネルギーの消耗、そして、やがて別れが来る。そういうことを考えると本気で熱くなれない」

私の感情のない返事に、彼は、怒り、食ってかかってきた。

怒る気持ちは理解できるが、だからといって、自分の生き方、考え方は彼に同化できないので、それ以来、互いに異なる世界観を認識、これをベースにした議論が何年も続いた。

人が死んでも悲しまない、女に惚れて熱くなれない、彼は私を病気だと言った。

一生治らない病気を抱えた男と、学生時代から社会正義に目覚め、これを追求し、弱者を愛する男との友情(?)関係が始まった。私には生涯を通じて親友と呼べるような人間は、後にも先にも、彼しかいなかった。

彼は、私の事をいつも、常人の感覚ではないと言っていたが、それでもなぜか非常に親しく思春期〜青年期の十数年を…特に高校時代は授業時間と睡眠時間以外は常に一緒だったと言っても大げさではないくらいに時間を共有した。その事は複数の同級生達も良く知っていた。学校で二人がつるんでいる姿は多くの同級生達から、あいつらはいつも一緒だと半分妬みにも取れるような事を言われたこともある。いつでも童心に帰れる高校生だった。無邪気に校内で追っかけっこをしたら、彼は校舎の二階から飛び降りて逃げたこともある。あまりの身軽さ、運動神経の良さに驚き、それ以来、一時期は「マサル」と呼ばずに「サル」と呼んでいたこともあった。

一九六六年四月、那覇市首里真和志町、首里高校校舎三階の図書館。

この地は那覇市の全景を見下ろす首里の高台に位置する首里城の城下町だ。

今から五九三年前（一四二九年）に成立、その後、一八七九年までの四五〇年間続いた琉球国は日本では類のない王制の国家であった。

高校二年の春、ある日の放課後、図書館で居眠りをしながら中間テストに備えて読みたくもない世界史の教科書を広げていた。右側の斜め向かいに座っているやせ形で若白髪の生えた目つきの悪い奴がチラチラと私を見ているように感じたが、最初は無視していた。六名用の大きな机を彼と自分だけが占拠していた。他の机も生徒はまばらで、試験前の図書館にしては珍しく閑散としていた。

私は熱中すると周囲の事が見えなくなり、ブツブツと独り言をつぶやく癖がある。

たぶん、そのような、私の傍若無人な（?）所業に腹を立てたのだろう。

いきなり彼が「お前！　俺に挑戦するつもりか?」と問いかけてきた。

突然の事で、なんのことか、さっぱりわからんままに、おそらくうつろな目で、彼の顔をみながら「ン！アンシャン・レジーム」と言ってしまった。フランス革命以前の旧体制の呼称を覚えることで頭がいっぱいだったので、トンチンカンな返事をしてしまった。

彼はもう一度同じ質問をぶつけてきた。

やっとケンカを売っているらしい質問の意味が分かったので「受ける度量があるならいつでも来い」と

答え、数秒間、にらみ合っていた。私は空手部に在籍していたので意地は強かった。でも、彼の眼の中に殴り合いのケンカをするような闘争心は見えなかった。

「アンシャン・レジーム？　そこは試験にでないよ。それより静かにしてくれんか？」

「うるさい！　興味があるからフランス革命やってんだ！」

他の生徒が二人の様子を気にしてジロジロ見るので、「オイ！　廊下に出よう」と誘い、「お前、名前は何という？」と聞いたら「お前が先に名乗れ！」と来た。言葉の抑揚に敵意が感じられなくなっていたので「うん、俺はトミヤマ」と答えた。

「具志堅だ！」とぶっきらぼうな返事があったが、私はびっくりして「マサルか？」と聞いた。「はぁ〜何で知ってる」と、彼はびっくりしてた。

具志堅優の名前を知らんわけない。顔と名前が初めて一致した。彼の名前は真和志中学の頃から知っていた。学年でも常にトップクラスの成績優秀者だ。でも、顔は知らなかった。

首里高校では、当時は中間テストや期末テストの上位者の何名かを成績順に職員室の近くに張りだしていた。一年の頃から彼の名前はいつも張りだされていた。覚えやすい名前でいつも自分の前を歩いている。いったいどんな奴だろうと思っていた。一度だけ私の得意な英語の席次がずば抜けて良く、学年で一四番くらいだったと思うが、彼の名前を探したら二〜三番のところにあった。見えない敵に悔しい思いをした。

フランス革命以前の旧体制、アンシャン・レジーム。貴族が農民を虐げている風刺画と共に説明がされているので意味は分かり易いけど、日本の封建制度とオーバーラップしながら、このような階級の差は世界中であるんだ。でも、社会主義、共産主義の社会は、歴史は…などと、考えていたのだが…。彼は私からの第一声「アンシャン・レジーム」という言葉に衝撃を受けたらしい。その後、ことあるごとに、このキーワードが共通の話題となった。

彼の性格、徹底した探求心について記す。

北は奄美諸島から南は八重山列島までの琉球諸島には、約三万二〇〇〇年前から人類が住んでいたことがわかっており、琉球には日本の鎌倉時代にあたる一二世紀ごろから各地に按司（あじ）と呼ばれる豪族が現れ、抗争が絶えなかったらしいが、一四二九年に南部の尚巴志（しょうはし）が主だった按司を統括して、尚家（しょうけ）を頂点とする琉球王国としての権力を確立した。

知り合った頃の彼は、この尚家の台頭に関して歴史的な関心、どのようにして統一国家が生まれたのか？時々、私に疑問をぶつけてきた。

「琉球国とアンシャン・レジームの関係、それ以前はどうだったのか？」

「ん〜な、試験に関係ない事知らんよ」と、最初の頃は取り合わなかったのだが、しつこく、何度もまじめに問いかけてくるので、とうとう少しずつ興味を持たされるようになってしまった。

彼は、放課後になると首里の史跡、龍潭池や玉陵、琉球大学の龍碑あたりをうろうろして何かを探していた。そして、ある日「お前にこれをやる、これが何かを調べてくれ」と言われ、灰色の瓦の破片を数個、渡された。

琉球王国は独自の国家的な一体化が進み、中国をはじめ日本、朝鮮、東南アジア諸国との外交・貿易を通して海洋王国へと発展した。いわゆる琉球国の大交易時代の成果として、首里城はその海洋王国の政治・経済・文化の中心となった。

ず〜っと、後になって知ったのだが、彼が拾ってきた灰色の瓦の破片は高麗瓦、首里城の建築に使用する目的で当時の朝鮮半島から高麗人を介して渡来したものらしい。琉球王国の大航海時代の物証ともなる貴重なものだったという事は何年も後になってから分かったのだが、現在は沖縄県立博物館に展示されている。

その後、彼は、この瓦の話を全くしなくなり、私も忘れていた。

これらの経過から今、思うに、彼は、この瓦の価値を知り、琉球王国の大交易時代の確かな手ごたえを、自分なりに納得できたので、ただものではないと思われるお宝ではあるが、物的な形に対する興味をなくして、私に預けたのではないかと思う。

彼にはなんでも徹底して、掘り下げ、深く考える習慣があるが、結論が出せたら執着せず、簡単に放り出せる割り切りみたいなところがあった。それは、彼の人間観察の方法においても同様だった。

知り合えた色々な人間の一人一人に対して必ず、とことん納得いくまで、心理分析をして、結論を出すまで執着し、時にはその感想を求めてくる。

彼の最大の悩み、頭痛の種は女性心理の分析が苦手な事だった。

好きになった人、気になる人、付き合った人が数人はいたようだが、なぜ何名もいたのか？　理由は簡単である。彼にとって女性は恋愛の対象である以前に、男性とは異なる独特な思考過程を備えた興味の対象としての存在感が強かったように思える。

後輩や同級生と付き合ったり、先輩と付き合ったり、興味の対象となる女性のタイプは例外なく共通していた。個性の強い性格で、眼に特徴のある、遠くを見つめるようなキツネ眼に近い感じで、秘密を持った感じのする女性。でも、彼女たちは彼にとって女ではなく人間観察の対象ではなかったのか、と今でも私は思っている。紫の女、ピンクの女、黄色の女、と独特の感性（色彩心理）で彼女たちを色に例えて、分析、表現する手法も彼独特で面白かった。

なぜ、女は感情に任せて前言をくつがえすのか？
なぜ、女は深く考えることをせずに中途で思考を停止させるのか？
なぜ、女は自分を中心にしか物事の価値判断をしないのか？
なぜ？　なぜ？　なぜ？　とめどなく続くなぜ？　に閉口しながら、彼との問答を通しながら、分析し、答える事の面白さに引かれていった。

私の、人に対する好奇心、そして探求心も、根底はこの頃の毎日のやり取りを通して培われたのかも知れない。彼がどんな質問を投げかけても時に無視する事はあっても、私は真面目に答えた。いつでも、彼の質問には真面目に答えさせられるような気迫があった。それが何に起因するのか良く分からなかったが、友人として貴重な存在だと思っていた。

私の知る限り、彼は女性に対して、一部の例外的な弱気を見せる事はあったが、常に理性的な態度、人間としての分析対象の興味しか持たなかった。

色々、面白い出来事もあったのだが、ここで具体的な表現や話の内容に触れると、本人が特定されてしまうので残念ながら割愛せざるを得ない。興味を持ちだしたら友人の彼女だろうが、一切おかまいなしに放課後だろうと、夜だろうと、家まで押しかけていき議論をしていた。彼は理解不能な言動を取る相手には、それが誰であろうと徹底して理解しようとする性癖があった。

女性の立場からしたら、頻繁に押しかけられると、当然、自分に気があると思うのはあたりまえだろう。そのため、それらしい言動や行動を示したら、とたんに興ざめしてしまい、私に「なんで女は…？」と言っては、愚痴っていた。

「火をつけたのはおまえだろう？」としか言えなかった。

彼は、男に対しても、父親を始め、同級生から教師に至るまで、自分と関わり対話を交わした人物の評価を、割と冷静に、客観的な形で締めくくっていた。

特に父親に対しては、その思想について徹底的に批判し、親子の縁を切りたいとまで言っていた。でも、父親に対する気持ちの中には理屈では割り切れない部分があり、その点に関して真剣に悩んでいた。

並外れた集中力！　彼は時々、図書館で勉強していたが、離れて見ていたら顔を真っ赤にして本を読んでいる。冬の寒い日にも関わらず「暑い、暑い」といって本を放り出して出て来た。体調でも悪いのかと思ったら「頭がオーバーヒートして熱くてたまらん」と言う。本当に、眼まで真っ赤にしてた。学生時代はこのような事が何度かあった。自分は冬でも暑くなるほどには集中できないので不思議だった。

また、彼の正義感の強さ、度胸を裏付ける、こんな出来事があった。彼が、一時帰省した頃。深夜の国道58号線（当時は1号線と言った）。那覇市天久の東急ホテル（現在はおもと会の病院施設）入口の交差点。私が運転をして彼は助手席。

いきなり上半身裸で全身刺青の、どうみてもヤクザが、飛び出して来た。

理由は知らんが、自分の車の前に立ちはだかり、両手で思いきりボンネットを叩いている。後続の車も何台か止まってしまった。何が起きたのか唖然としていたら、彼が躊躇なく飛び出してなんか怒鳴りつけた。ヤクザまがいの男が掴みかかろうとして近寄ってきたので、私は割って入ろうとした。彼は非常に冷静にしかも良く聞こえる声で「公道のど真ん中で非常識な事をするな。話なら向こうでちゃんと聞く！道を開けろ！」。良く覚えてないが、他にも二〜三言交わしながら、ひるまず相手との距離を詰めていった。その迫力に押されたのか、酔っぱらって（？）意気込んでいた相手が「ナーシムサ（もう、イイ）」と言って去って行った。自分の知らない、彼の側面を見た気がした。

高校三年の頃、彼を中心に山羊会（ヒージャーカイ）という十数名のグループがいつの間にか出来ていた。このグループの存在目的は、定期的な自己批判のミーティングをする事だった。輪になって地べたに座り、一人ずつ交代で批判、中傷の犠牲者となる。本気の喧嘩になる事、嫌われる事も承知のうえで相手の欠点を徹底的にあぶりだし、決して感情的にはならずに冷静に、客観的に批判する。言い訳や言い分は聞くが中途半端な妥協や同調はしない。これを順序良く全員が一回りするまで延々と続ける。目的は精神の鍛錬だ。

恐らく学生運動の戦士を生み出す原動力となったのだろう。

私が生徒会長をしていた時に、任期の終わりごろになってから沖縄の本土復帰に対する校内討論会を中庭に全校生徒が集まって開かれるようになり、活発な議論が交わされるようになった。彼の発案で近隣の高校にも声をかけて高校生連合を結成して二〜三〇〇〇名規模の復帰運動に盛り上げようという事になり、首里、那覇、小禄に、なぜか嘉数学園付属女子高も加えて楽しく盛り上げようという事になった。各校の生徒会に連絡を取り、高校生連合の集会を与儀公園でやるための準備に入った。

私の任期がここで終わり、後は彼が生徒会長に立候補して当選。集会の計画は着々と進み、当日は与儀公園を埋め尽くすほどの大人数となり、高校生たちの熱気であふれかえった。翌日の新聞は一面トップで高校生が政治集会、沖縄の復帰運動といった大見出しで学校は大変な状況となった。

これは、教職員が煽ったのか？　高校生の自主的な行動だったのか？　と県内の各方面、団体からの賛否が渦巻いた。中には運動の中心となった生徒を退学にしろとか、煽った教員探しが始まったとも聞いているが、各校の生活指導の先生方が話し合って、誰も退学になることなく無難に収まった。
このことは恐らく数年後の一九七二年、沖縄の祖国復帰の実現に世論を盛り上げる弾みをつけるきっかけになったのではないかと思っている。彼の総括の弁がふるっていた。「自分たちは政治の趨勢に流されることなく、高校生らしく正面から主義・主張をぶつけただけの事です」と、政治的な邪心はないのだとキッパリと否定した。これが、好印象の評価に繋がったのだと思う。

彼は国費留学生として熊本大学の法学部に進学。私は浪人して東京の予備校に通うため、途中で熊本に立ち寄った。彼の寄宿先である熊本市京町にあった沖縄学生寮に一ヵ月くらい居つく事になり、時々、京都の大学にいる彼女の元へ通っているようだったが長続きしないだろうと思っていた。理由は、彼が彼女に求めていたのは女ではなく人間的な好奇心の方が優先しているのだと分かっていたからだ。

気になる、医学部の女性の先輩がいて同志だと言っていた。それだけの話だが、いつものような掘り下げた感想を一切言わない事が妙に不自然に思えた。それが彼の女房になる八重子だったのはあとになってから分かった。これまでとは全く違うタイプの女性。彼は彼女と一緒になるまで一切、余計な事は言わなかった。多感な時期の彼を良く知っているが、彼が「八重子」と言う時、その言葉にはこれまでにない、特別な響きがある事を私は感じ取っていた。彼の口から多くの女性の名前を聞いたが、それらとは全然異質な響きを持って聞こえた。

その後、私は専門学校で情報処理を選考し、三菱グループの各社に派遣されながらプログラマーをしていた。彼は大塚のアパートの二階で司法試験に取っ組んで浪人中だった。東京大学の勉強会や中央大学の真法会のメンバーたちと勉強できるようになったと喜んでいた。

その頃、椎間板ヘルニアを患って天井から紐をぶら下げて腰につけたコルセットを吊り、うつぶせになり苦しみながら、団藤重光の刑法総論を読んでいたのが印象に残っている。非常にきつそうで見ている方がつらかった。それでも言ってやった。「お前、このままでは八重子のヒモになるよ」。下手な励ましが彼には通用しないと分かっていたので意地悪いことを言ってやった。黙って頷いていたが辛そうだったので「また来る」といって引き揚げた。このころ、八重子はすでに独り立ちして氷川下セツルメント病院で勤務していた。そのことで彼が依頼心を持つような性格でない事は良く知っていたが、相当なプレッシャーがあったようだ。

それから何年か過ぎてから沖縄に引き上げてコンピューター会社を設立していた頃に彼が八重子と一緒に一泊した。「あの時、八重子が居なかったら自分は弁護士になれなかった」と言うので、「気持ちは大切だがお前ならなんとかなってるよ」といったやり取りを覚えている。彼の人生で一番苦しかったのはあの頃の浪人生活だったらしい。

その時、鯉の滝登りの理由が話題になった。鯉という魚はなぜ滝を昇るのか？　物理的な説明だと、跳ね上がる直前に深く滝つぼに潜るので、その反動で一気に滝を昇るわけだが「お前の苦労は滝を昇る前の鯉と同じだよ」と言ったら、即答された。「滝を昇る気はない、昇らずに戦う」。恥ずかしかった。こいつ、本物だと思った。

弁護士を開業して間もないころに女の詐欺師に引っかかって弁護士報酬も貰えずにただ働きをさせられたり、貸した金を取れなくなったりと、色々あったみたいだが、公害問題に本気で取り組むと言っていた。彼の性格から商業弁護士は務まらないだろうと思っていたが、やはり公害、社会問題に取り組もうとする彼の話を聞きながら、やっと本来の生き方を見つけたな、と思った。私は彼とは異質の人間。世界観を異にする。嬉しかったけど…それでいいのだと、一人で内心、納得できた。そして、私は彼と別の生き方をするだろう、と自覚していた。

彼には学生時代からの夢、社会正義の実現のために完全燃焼して欲しかった。

彼には並外れた才能、人を真剣にさせ、問題意識を植え付ける、能力がある。

自分は出来そこないの、高校時代からの硬派で、特に中学の頃は軍歌大好きな右翼少年だった。母は教育勅語をそらんじて言えるほどの軍国の女だった。父は特攻あがりの類に傷のある軍人だった。

それでもなぜか、私は彼と思想面で対立する事はなかった。彼はあの頃から民主連合政府は一〇年以内に実現できると信じていた。私は銀行頭取の甥っ子で、父も銀行一筋の環境で育ち、しかも台湾総督府で撮影されたサーベルを腰から下げた軍服姿の父の教育もあり、筋金入りの右派人間だが、なぜか彼の話には素直に頷けた。説得力があった。

男同士の友人関係というものを友情とか浪花節的な人情論で捉える考え方は好きになれないが、私は「淡く水魚の如し」という、君子ではないがそういった醒めた考え方をしている。それでも時々、理屈ではないものを彼には感じていたので、思想は違っても、たがいに厳しく切磋琢磨できたのだろうと思う。

彼と自分は政治思想に関する限り、根本的に異なる価値観を持っている。そのことは互いに認識しあっているにも関わらず、この問題でぶつかり喧嘩する事はなかった。議論をしても互いに平行線のままで妥協も、結論も出ない事が分かっていたので、私は不毛の議論をする気もなく、無駄なエネルギーの消費もしたくなかった。互いに必要とする議論の共通テーマはいくらでもあった。はっきりしている事は人間的な信頼関係があったので安心して本音の対話が出来た、ということだろう。

フェイスブックに以下の内容の書き込みをしたら同級生の又吉君が、彼の書いた本だと言って『裁判を住民とともに～ヤナワラバー弁護士奮闘記～』を持ってきた。

これを読んだのは二〇二二年一月二九日、ケンカして決別したのが一九八二年だから四〇年の歳月が流れたことになる。切れた筈の関係が、八重子と息子の依頼により再び繋がった。本稿を執筆するにあたって、八重子に電話して確認を取った。

「彼の本（『裁判を住民とともに』）を読んで思ったのだが、自分の追悼文は辞退した方がいいと思う。理由は自分には懲役の前科があり敵も多いので、彼の経歴を汚すことになる」「八重子だけでなく俊介君の意思も確認したい」

八重子の返事は「息子も同意しているのでお願いします」との事。やはり、彼の息子なんだと思い、嬉しかった。息子とは板井俊介、彼の遺志をついで熊本中央法律事務所の弁護士として親と同じ道を歩んでいる。血は争えないものだと思った。

フェイスブックの投稿

あたしは十字架を背負ってしまった。
親友が旅立ち遠く戻れぬ世界へと逝ってしまった。
高校二年生の頃からの付き合いだった。
放課後の図書館で少し離れた席から睨みつける奴がいた。

あたしの睨み返しが癇に障ったのか、奴が発した最初の言葉をはっきりと覚えている。「お前！　俺に挑戦するつもりか？」

「受ける度量があるならいつでも来い」と答えてやった。

学年でもトップクラスの学力で東大を目指してる秀才で、外見はダサく、ぼんくらな風体だが、目つきは鋭かった。

何年もの歳月が流れたが、毎日のように夜中まで交わした対話の細かい内容を常に思い出す。あたしの強烈な向上心と闘争心を心に焼き付ける切っ掛けをつくってくれた男だった。

高校時代のあたしは一〇年くらいは使えそうな、耐久性の強い戦闘靴（米軍の放出品）を履いて登校していたが、奴が欲しがるので譲ったら卒業するまで毎日履いてた。

大学を卒業して弁護士になったが奴には、私利私欲、物欲が全くなく、社会正義を貫き通そうとする姿勢は本物で、マスコミで全国的に話題となるような住民訴訟の陣頭指揮を何度もやっていた。

十字架を背負ってしまった理由は、些細な事でケンカをしたが、あたしの頑固さが原因で、何度かの申し入れがあった修復する機会を受け入れず逝かせてしまった事だ。

後悔している。

奴の書いた本を読んでしみじみ思った。

水俣病問題、川辺川ダム問題、ハンセン病問題、外国人労働者問題、原爆症認定問題、南九州税理士会政治献金事件、天草石炭じん肺労災問題、トンネルじん肺労災問題、二硫化炭素中毒労災問題、じつに多くの事件を手掛けてきた。

すべて、社会的に大きな関心を呼び、マスコミで日本中に知れ渡った事件ばかりだ。

これらの裁判闘争において奴は、ことごとく勝利を治め、社会正義を貫き通し、弱者に対する優しさと愛を守り育てた。やはり、奴は本物の男だった。

五十数年も前の首里高校の図書館、そこで初めて交わされたやりとりが今でもあたしの心にはっきりと刻まれている。「挑戦するつもりか?」「いつでも来い!」

具志堅優は板井優となってしまい、帰沖してここで骨を埋める可能性が無くなったことを知った時は一時的に失望した。しかし、奴の生きる姿勢に対する純粋さ、真剣さは高校時代の友人「マサル」のままだと著書を読んで再認識した。

高校時代にマサルと毎日のように夜中まで語り明かしたやり取りの中で、武士道について共感した事がある。本当に強い男は限りなく優しい心を持ったサムライだ。そして、どのような過酷な戦いの最中においても野辺に咲く名もない花を踏みつけてはいけない。この花の美しさに心を奪われる余裕を持って事に臨む生き方がしたい。

マサルは確かに武士としての生き方を全う出来たのだと、そして、あたしは初めて心から思った。

マサルと知り合えたことが我が人生最大の金字塔だったと…。

黒潮たぎるウルトラマン

儀間　敏彦

Ⅰ．はじめに

東海大学の創始者・松前重義先生（熊本県出身、一九〇一―一九九一）の恩師である内村鑑三（一八六一―一九三〇）先生が、明治二七年に夏期学校でおこなった講演録に『後世への最大遺物』がある。そこで、内村先生は、「われわれが、後世へ残せる最大遺物とは何か？　お金か？　事業か？　それとも思想か？　それは、勇ましくも、美しい、高尚なる生涯にある」と、示される。

板井優先生は、音楽を愛し、スポーツに理解を示し、熊本では文化誌に原稿を投稿するなど、優先生の人生は、勇ましくも、美しい、高尚なる生涯だったとおもう。

それは、優先生が持ち合わせていた独特の精神的世界観にある。

第一に、自分については、「威張らない、おごりがない」こと。

第二に、他人に対しては、「責めること」「責める姿勢」を極力回避していたこと。

第三に、かといって、問題解決のための努力は、「怠たらず、常に努力は継続していた」ことである。

この「おごらず、責めず、怠らず」の世界観は、優先生との人間関係を通して、私は、随所で学ぶことになった。優先生の半世紀をつづった『裁判を住民とともに―ヤナワラバー弁護士奮闘記』（熊本日日新聞社、二〇一一年）のタイトルでは、「ヤナワラバー（悪ガキ）」という表現を使っておられたのだが、これも、決して、自分をおごり高ぶることなく、少し茶目っ気をもって、つけたタイトルであると思う。優先生が亡くなって後、優先生のお姉さんと、奥様の八重子先生と三人で食事をする機会を得たが、「ヤナワラバー」というのは、優先生のお母さんがよく優先生に使っていた表現だということを、お姉さんから聞いて、私は納得した。「ヤナワラバー」という言葉は、優先生がお母さんの目線で自分を客観視した表現であると。

生前、優先生からは、「儀間さんは、研究者だから、何か事例に取り組んだら、それをわかりやすく、一般化して、みんなが活用できるような、概念、考え方、方法論などをモデル化することがあなたの仕事ではないか。そうした活動を通して、世の中が良くなることに貢献していったらいい」と言葉をもらっていた。

本稿では、優先生の、勇ましくも、美しい、高尚なる生涯をささえた精神的世界観について、私論をまじえてふれていきたいと思う。

二．おごり高ぶらない

熊本で、優先生に対して、「優先生は、すごいですね。これだけの歴史的な裁判を勝ちつづけて…」と話しかけたところ、「すごいのは、住民たちだよ」の返答には、驚いた。優先生は、一切、ご自身の自慢話をする方ではなかった。

私が同窓会事務職として活動する際には、先輩方を上座において、自らはその準備に動き回っていた。それと同時に、優先生は、住民たちを上座として、自らはその裁判の勝訴のための準備に動き回っていた。優先生からは、一般的な大人達が話すような「おごり・高ぶり」は一切感じることはなかった。

優先生のそうした生きる姿勢、思想は、どこから生まれたのか。

私は、首里高校から見える水平線から、と思っている。

沖縄には、「イチャリバ・チョーデー（寄り添えば兄弟）」という生活思想がある。その思想の原点は、首里高校から見える水平線にある。

沖縄では、これといった身分制度などなく、唯一の琉球国王だけは、「太陽」として崇められる。それ以外は、兄弟のように、水平線思考で平等につきあう、という世界観である。

それは、沖縄での「ニライカナイ」の思想であり、「ニライカナイ」とは、はるか彼方、水平線上の東方に、神のいるところ、理想郷、常世である、とされている。

優先生が相手を敬い、相手を引き立てて、自分はおごり高ぶる事のない姿勢というのは、同時に、一五世紀から廃藩置県まで、約五〇〇年にわたり琉球王国を統治した首里城の「太陽信仰」にもつながる思想である。

残念ながら、二〇一九年に、首里城は、正殿を含む建物九棟を焼失したが、建物の焼失によって、首里城の世界遺産の登録が抹消されるかと問われれば、答えは否である。世界遺産の首里城は、正殿の下の「遺構」、すなわち、石積の部分に世界遺産の価値が認められているからである。それは、太陽の軌道である東西軸から成り立つものである。

儒教の経典『易経』では「天子南面す」という考え方に基づいて、南北線を軸としたお城の設計がなされている。それに対して、首里城では、東西線を軸として、設計されている。

優先生の世界観は、自分をおごり高ぶることはなく、相手を引き立てる、場合によっては、相手を引き上げる、といった水平思想にその特徴をみることができる。

三．人を責めない

ある時、私は、当時、熊本で所属していた学科長から、宴席上で、髪の毛を鷲づかみにされて、「俺が主任である以上、お前を一生教授に昇格させないからな！」と暴力的暴言を受けた。私は、その時、同席したメンバーの証言と証拠を集めて、弁護士・板井優先生に相談した。

「うーん。よく、ここまで、一人で資料を作って闘ってきたな。たいしたもんだ」。優先生の開口一番の言葉。「ただ、これは、裁判にかけたら、君は勝つと思う。だけど、これで、もし、君が勝ち、相手側がもし大学を解雇された時のことを思うと、家族は路頭に迷うことになる。そうすると、家族から君が恨まれることになる。それは、儀間さんにとって、一生の損失になる。なぜなら、恨みはずっと引きずるものだから。だから、この件は裁判にはかけないほうがいい」と言うのが、優先生からの返答だった。私はびっくりした。

「儀間さんは、論文も多いし、書物もあるし、社会的活動も活発にしているから、いずれ、教授になると思う。だから、この学科長は相手にしない方がいい」というのが優先生の結論だった。想定外の回答はまだまだ続いた。その上、まだ、教授昇格もしていない私に対して、「君が受賞とか、昇格とか、出版とか、何かのお祝いの席ができたとき、その学科長を宴席に呼んだらいい。そして、敵と思うメンバー、たとえばその学科長から祝辞をもらったら、いい」とまで言われた。

その後、当時の学科長は、東海大学を退職後、病を患い他界したため、私の教授昇格の宴席に招くことはできなかったが、「人を責めない」というのは優先生の独特の世界観である。

あるとき、優先生は、潮谷元熊本県知事が自分の出版本の帯を書いてくれることに、とても喜んでおられた。それは、ただ単に、元県知事、という意味だけではない。裁判で、闘った相手側、熊本県側のトップの方との関係を個人的にはフラットにしていく、という優先生の独自の世界観があったからこその優先生のあの笑顔であったと思う。

Ⅳ．努力を怠らない

養秀同窓会熊本支部では、優先生は、熊本支部支部長、私は、事務長として、その活動に取り組んだ。その活動は以下である。

（1）養秀同窓会の先輩方に対しては、沖縄県立第一中学時代の先輩方の「記憶を記録」に残すために自費出版で本を出した。

（2）現役の後輩たちに対しては、同窓会熊本支部主催で、首里高校へ出向いて行って、メンタルトレーニング講習会（高妻容一先生招へい）を行なった。その後、首里高校女子バレー部は、五〇年ぶりに沖縄県大会で、春期優勝した。

（3）板井優先生に対しては、首里高校の学校長、養秀同窓会本部に企画を持ち掛けて、首里高校の全体集会で、講演依頼を行ない、その準備、運営を行なった。講演会の際には、八重子先生と一緒に沖縄に出向き、講演会が終わった二次会の席では、優先生の同級生が数多く集まり、優先生の同期の方々から、ソノシート作成など、首里高校の同期の方々から、楽しい思い出話を聞き出すことできた。

（4）場所に関する思い出としては、熊本にある沖縄関連のお店、または、個人で経営しているお店によく連れて行ってもらった。ぬちぐすい、島唄大ちゃん、祭音（さいおん）、田舎屋みっちゃん、などである（写真1）。優先生と飲食する際は、あわただしい。一軒が終わったら、また一軒と立て続けにはしご酒となる。だん

写真1　琉球の政治家・蔡温（琉球の農業の発展に貢献した政治家）に思いを馳せ居酒屋祭音にて養秀同窓会熊本支部開催。

写真2　「琉球の風」にスポンサーとして看板を出す板井優弁護士。

だんわかってきたことだが、優先生は、飲食店に対して、「貨幣の投票」をしていた。

こうしたお店に呼び出されたときに、熊本日日新聞社の山口和也氏などとの面識ができ、『熊本日日新聞』の「今日の発言」での連載記事執筆の仕事などをいただいた（二〇一四年三月～五月まで一三本）。私が優先生によって引き上げられた話である。

（5）優先生は「琉球の風」という音楽イベントのスポンサーにもなった。コンサート当日は、板井優熊本中央法律事務所の大型看板も立てていた（写真2）。島唄野外イベント「琉球の風」実行委員会の主催者「東濱弘憲」さんを盛り立てていた。「武器ではなく楽器（音楽）を」という優先生の思いがそこにはあった。

「琉球の風」とは別に、石嶺聡子さんという首里高校出身の歌手の方を熊本に招き、音楽イベントを行ない、石嶺さんを囲み、優先生と懇親会を企画したこともあった。

（6）『総合文化誌KUMAMOTO』の発刊をすごく喜んでいた。優先生も何本も投稿されていた。その後、私も、何本か投稿の機会を頂き、現在に至っている。

Ⅴ．黒潮たぎるウルトラマン

優先生は、崇高な理想をかざして、常にエネルギッシュに仕事に取り組んでいた。その姿は、沖縄を北上する暖かい黒潮のように、休むことなく、血潮も踊り、かつ、熱く、時には煮えたぎっていた。

私にとって優先生は、「黒潮たぎるうるま人」である。

この用語は、もともと私の首里高校の恩師・又吉康仁（またよしこうじん）先生（一九三七—二〇一二）と瀬名波榮喜先生（琉球大学教育学部長、名桜大学学長歴任、一九二九—）が、琉球大学北部農林高校の恩師・仲田豊順先生の遺稿集で、そのタイトルに使った表現である（仲田豊順先生遺稿集『黒潮たぎるうるま人』北部農林高校同窓会那覇支部編、一九八三年、全三〇二ページ）。

「うるま」というのは、「ウル（珊瑚）」「マ（島）」という意味で、「珊瑚の島」を意味し、景観の見事な沖縄の島々を示す言葉で、琉球—沖縄の美称であり、一七〇〇年ごろから使われた雅名である（東恩納寛淳『南東風土記』沖縄財団、一九五〇年）。二〇〇四年から、「うるま」は、「うるま市」として、沖縄の新市名の名称にまで用いられている。「うるま」で検索すると、「うるま」の名称は、美しい心を世界に発信することを願う意味も含まれている（「レファレンス協同データベース」）。

黒潮たぎる「うるま人」は方言で言えば「ウルマンチュ」である。「うるま人」、「ウルマンチュ」を、脚本家の金城哲夫さん（沖縄県出身、一九三八―一九七六）に言わせれば「ウルトラマン」となる。「ウルトラマン」は、巨大な悪を倒す「超人」でありヒーローである。

ウルトラマンの必殺技がスペシウム光線。そのポーズは、両手両腕をプラスに構える形をとる。養秀同窓会活動で言えば、縦軸は、先輩方、後輩たちとの交流を意味する世代間交流であったし、横軸は、熊本や五木村、菊池市、阿蘇、大津、沖縄との地域間交流であった。スポーツメンタルトレーニング上級指導士の高妻先生に言わせれば、「プラス思考ビーム」である。

優先生の勇ましくも、美しい、高尚なる生涯には、「おごらず、責めず、怠らず」の精神世界があった。優先生は、他界したが、その高尚なる生き方は、消えることはない。

これから私は、日々の努力は惜しまず、努力に裏付けられた積極的な「プラス思考」でもって、これからの人生の難儀苦労を乗り越えていくことにしたい。

（元東海大学教育開発研究センター教授）

板井優先生と私

加藤　修

一　先生との出会い

板井先生との出会いについては、よく覚えていないのですが、修習生時代の板井先生が「どの県で弁護士をするか」ということで会話したことを覚えています。当時、板井先生は鹿児島にも興味を持っておられました。私は当時、弁護士として四年目ほどであり、熊本共同法律事務所で、千場茂勝先生・竹中敏彦先生・松本津紀雄先生らと弁護士活動をしていました。千場先生と共に、水俣駅前で「熊本に残って、水俣病弁護団で頑張ろう」と、板井先生を熱く説得しました。板井先生はおそらくその説得の故にではなく、奥様の八重子医師の熊本民医連就職が決め手となって、熊本で弁護士をすることになったのではないかと思われますが、板井先生が熊本を選んでくださったことは、のちの熊本にとって大きな財産となったことはもちろん、私の弁護士人生を豊かにしてくださいました。

二　同僚弁護士としての活動

弁護士となった板井先生と私が所属していた熊本共同法律事務所は、当時、新市街に事務所がありました。板井先生は、私（修習二六期）の五期後の三一期修習でした。板井先生と私の席は隣で、横並びでお互い仕事に励んでいました。夜遅くまで仕事をして、終わると二人で夜の街に出かけるのが楽しみでした。ちゃんぽんがうまい店があり、そこでちゃんぽんを食べてから意気揚々と飲みに出かけました。

板井先生は大変お酒が強かったのですが、私もかなり飲む方であったため、仕事あがりは毎晩のように二人でたくさんのお酒を飲み歩きました。私は、カラオケも得意で、負けじと板井先生も歌うようになり、歌の技術もどんどん上達していきました。

また、水俣病の弁護団も竹中先生、馬奈木先生をはじめとして、会議が終わればクラブに繰り出して飲むといった風習が出来上がっていたこともあり、一緒になって飲み、かつ騒いだものです。

三　水俣病と板井先生

板井先生は大学生時代から民主青年同盟に所属していたため、一九七三年三月二〇日の水俣病一次訴訟判決の時も、判決の傍聴券をめぐって、前夜からの座り込みに動員され、水俣病を告発する会との激しい闘いをしておられました。いっぽう私は、当時、修習生として、裁判所の古い陪審法廷で傍聴できる立場であったので、そのような争いとは無縁の立場でありました。私は弁護士になる前は旧・厚生省官僚だったのですが、その時代に旧・厚生省内の「水俣病を告発する会」の人たちと行動を共にすることが多く、弁護団もそのことには、多少の危惧を持っていたようでした。

その後、弁護士となり水俣病弁護団に入った板井弁護士は、まさに水を得た魚のように働かれました。当時、事務局長であった竹中弁護士をやり込める様は、周りの弁護団員がはらはらしながら見ていました。当の竹中先生が、大人でしたから、激しい争いとまではなりませんでした。板井先生は水俣病の司法救済システムを主張され、一貫していました。

板井先生は、また、水俣からの要請にこたえて、水俣法律事務所を作られ、現地に移住されました。

水俣病第二次訴訟は、第一次訴訟に比べると支援の力も弱く、苦労しましたが、水俣病像が争点となりました。原田正純鑑定と椿忠雄鑑定の争いとなり、結局、原田鑑定が勝利しました。福岡高裁の一九八五年八月一六日の判決は、環境庁の判断条件は「狭きに失する」と述べて、水俣病の実態に合っていないことを示しました。

国を相手にする第三次訴訟は、私たちの大きな課題でした。「水俣病を告発する会」の訴状仮案なども参考にして、私が中心となって起案しました。そして、弁護団全員の力で、二度の国賠訴訟に勝利して、国を追い詰めました。

四　牛島税理士訴訟

一九七八（昭和五三）年六月、南九州税理士会は一つの決議をしました。その内容は、会員一人当たり五〇〇〇円の特別会費を集め、そのお金を税理士法改正運動のために税理士政治連盟に寄付するというのです。牛島税理士が税理士法改正のワイロに使われると考えて、この五〇〇〇円の納入を拒否したのです。

そのため、牛島税理士は税理士会会員としての選挙権、その他の権利を剝奪されました。そして、その後、日税連と日税政連が共同して税理士法改正案を通すために日本共産党を除く政党、国会議員に総額一億三〇〇〇万円の政治献金をしていたことが明るみに出て、「税政連政治献金事件」として大問題となりました。弁護団長は、日本共産党の弁護士として名高い福田政男先生、その下の実働部隊の中心が板井先生と私でした。福田弁護士は厳しい人で、私と板井先生が会議に遅れていくと、「君たちは、私の時間を盗んでいる」と怒られました。また、板井先生は、よく、「賄賂をどのように立証するのですかと、福田先生に聞いたら、『そんなことは赤旗に書いてある』と言われた」といって嘆いておられたことを思い出します。

裁判は、五〇〇〇円の納入義務があるかが争点となりました。一九八六年一月二九日、熊本地裁・蓑田裁判官はこちらの主張を認め、「五〇〇〇円の納入義務はない」と判決しました。福田弁護士は「私の生涯で最も嬉しい判決」と言って喜ばれました。

最高裁前で掲げた「全面勝訴」の旗

しかしながら、福岡高裁では、まさかの逆転敗訴判決、私たちは上告をしました。最高裁では毎月のビラ配りに力を入れ、「原判決・納得できない7つの理由」とか、「動かぬ7つの証拠」などのシリーズものを出して何とか破棄判決を取ろうと努力しました。その結果、一九九六年二月二〇日の最高裁弁論で、私も板井弁護士も初めて、意見陳述の機会を得ました。最高裁の判決は同年の三月一九日でした。完全勝利の判決でした。その後、差し戻された福岡高裁でさらに充実した内容の和解を勝ち取りました。

五　熊本中央法律事務所

熊本共同法律事務所の千場茂勝弁護士は、水俣病事件に当初から全力で関わり、後に続く弁護団員をたくさん育てました。総評弁護団として多くの労働事件も手掛け、私達もメーデーに参加させて、労働事件にも頑張るように考えておられたと思います。ただし、当時の力関係から言って、社会党と日本共産党との等距離での付き合いが、勢い社会党に傾くこともあったと思います。そんな時、私に共産党から衆議院の候補者としての声がかかりました。これを機に共同法律事務所から離れて、新しい事務所を作ろうという話に進んでいきました。板井弁護士も賛成してくれて、一九八一年六月に上通のいづみビルの三階に熊本中央法律事務所を開設しました。事務局は重松孝文、梯三保子、遠藤文子の三人です。この事務所には、破産事件が山のように来て、私は破産事件に追われるようになりました。その後、吉井秀広先生、塩田直司弁護士、藤田光代弁護士を迎えてから、板井先生は水俣法律事務所を作られて、水俣現地で活動されることとなりました。その後も、国宗直子弁護士、寺内大介先生、田中真由美弁護士、板井俊介弁護士、中島潤史先生、小野寺信勝先生、久保田紗和弁護士、川邉みぎわ弁護士、高島周平弁護士、石黒大貴弁護士とキラ星のごとく弁護士を輩出しましたが、それはおそらく板井弁護士を慕っての事であり、私は二〇〇〇年の脳出血で新しい事務所・熊本さくら法律事務所を作って独立したため何の貢献もできておりません。私が独立を切り出した際、板井先生は一瞬複雑な顔をされ、しばし沈黙されましたが、ぐっと笑顔になられ、「加藤先生がお決めになったことだから」と頷きながら優しく送り出してくださいました。そして新しい事務所に、中島千波の満開の桜の絵を贈ってくださいました。この絵は、事務所の守り神として、いつも私たちを見守ってくれています。

六　熊本さくら法律事務所

私が熊本さくら法律事務所に独立してからも、「中央グループ」ということで、熊本中央・コスモス・ひまわり・菜の花・たんぽぽ・あおば、そして熊本さくらの各事務所で合同して、一年の合同行事として、花見、暑気払い、忘年会、そして年末の黒川温泉・山みずきでの宿泊をやってきました。国内外への事務所旅行も忘れられません。国外では、韓国、ベトナム、香港、中国、シンガポール、台湾に行きました。今では、世界情勢および経済的事情などにより旅行に行くことはもうありませんが、それらの行動の中心に板井優先生がおられたことは、間違いありません。

仕事の中で困難を感じることが多い昨今、板井先生の「困難な中にこそ、良い仕事がある」を肝に銘じて前進していきたい、常にそう考えています。

（弁護士）

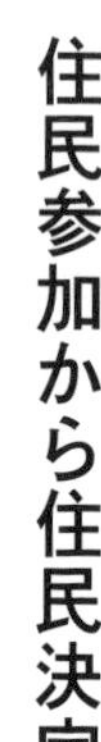

住民参加から住民決定へ

馬奈木 昭雄

左から馬奈木（筆者）、板井優（1996年5月22日）

板井先生のあまりにも悲しい突然の知らせに、私は言葉を失いました。「順番が違うだろうが、私のほうが先だろうが」。そう抗議の思いをかみしめながらも、確かに先生は先輩の序列は気にせずにまっすぐな発言をしていたな、とあらためて思います。水俣病訴訟で千場団長と意見が合わず、団長から厳しい叱責の言葉を返されてじっと耐えていた姿を思い出します。

先生は何よりも被害者の立場にしっかりと立つ人でした。先生が方針について発言する時、それは必ず被害者みんなにとって有益な提案でした。人間はだれしも無意識のうちにでも自分の利益、自分の事務所の利益が頭をかすめると思います。自分の立場が少しでも良くなるようにしたいという考えが頭をよぎります。私は先生との約五〇年にわたる一緒の行動のなかで、先生が発言した方針において、自分の利益を優先させたと感じたことは一度もありませんでした。いつもみんなの利益、みんなのためになる方針を考えていました。

私はこの先生に対する無条件の信頼を、何よりも大切な宝ものだと考えています。私は勝手に板井先生のことを「戦友」と呼んでいます。水俣病のたたかいのなかで、それぞれ水俣に事務所を開いて専従したことをはじめとして、多くのたたかいの現場で一緒に取組んできました。

先生が活動のなかでまいた種子は各地で大きく育っています。私が先生と一緒に取組んでいる、諫早の「よみがえれ！　有明」、「石木ダム問題」、そして何よりも、玄海、川内原発問題でそれぞれが力強く前進しています。私は有明訴訟や石木ダムのたたかいで方針が行き詰ると、「困った時の板井頼み」と称して方針討議のための弁護団会議に出席してもらっていました。

水俣病弁護団の取組みを「水俣学校」と称して学んできた弁護士たちが、それぞれの場所でたたかい続けています。

先生はこれらのたたかいのなかで、情勢を切り開き転換させる力を持った「適切な言葉」を発信され続けました。私はあらためて先生の『裁判を住民とともに　ヤナワラバー弁護士奮闘記』を読み返して衝撃を受けています。一つ一つの発言は、それぞれの場面で聞き、知ってきました。しかし、まとめて見直してみると、その時々で受けた感動とは全く別の「たたかう板井」の巨人像ともいうべき姿を実感しました。板井先生が御元気だったら、今の球磨川水害をめぐる状況は到底あり得なかっただろうな、とあらためて無念の思いです。

私の意識に刻まれているいくつかのことを少し思い返してみました。

先生は何よりもたたかう仲間の思いを大切にしました。「一人の千歩より千人の一歩」という、「牛島税理士訴訟」の運動をめぐっての発言は、その気持ちの適格な表現法と思います。私は駆け出しの弁護士として水俣に事務所を開いたとき、活動の中心を「仲間づくり」におきました。共にたたかう仲間を一人一人呼びかけ、組織としての形を作っていきたいと願っていたのです。その一つの形としてたどり着いたのが、県民会議医師団を先頭に患者、弁護団、支援者の総力を結集した水俣診療所（のちの水俣共立病院）の建設でした。しかし、私の取組みはある意味では「身内」に向けたものであり、これまで必ずしも私たちの取組みに賛同していない、いわば「相手方」とみられる人々に対する呼びかけまでは考えられていなかった、と率直に思います。板井先生は、この姿勢を正面から転換して、積極的に「相手方」と考えられる人にも共通の立場から一緒に取組む運動を展開しようと考えられたのだと思います。水俣に事務所を開くに際し、先生が何をしたのか、「ヤナワラバー」では次のように書かれています。

水俣病第三次訴訟の提訴に当たって、「私たちが鹿児島県を外し熊本県を被告にしたのは、これまで国を背にして患者に対応した熊本県が、患者を背にして国に対峙してほしいとの考えからでした」「水俣に事務所開設前、後に水俣市長となる吉井正澄さんを自宅に尋ね、意見を伺いました。将来水俣病でキーマンとなる人と確信したからです。とても寒い日で、吉井さんが帰宅なさるまで庭先でぶるぶる震えていました」。先生はさりげなくサラッと書いていています。この時、客観的に見ればいわば敵地の本陣に一人で乗り込むような場面で、そもそも会って話をしてもらえるのかどうかすら分からない、しかも暗闇の中でひたすら不安な思いに耐えて待ち続けている先生の気持ちと姿を考えると、同じ行動をとることを考えることすらできなかった私は、身体が震えるような気持ちと思いが痛いほど心に響いてきます。先生のこの努力があったからこそ、第三次訴訟の解決に際して水俣の地域自治体ぐるみで国の責任で解決すべきだという声が圧倒的な声として支持されましたし、患者の認定をめぐる論争ではまさに熊本県の担当者は私たち弁護団と同じに患者の立場に立って国と正面から対峙することになりました。

このような先生の取組みを成功させる力として私が痛感しているのは、先生の物事を判断するその認識の鋭さと正確さです。二つの記憶があります。

一つは、水俣病第三次訴訟の福岡高裁における和解協議の場においてです。熊本県とチッソを相手に和解協議が進行し始めた最初のころ、私たちが患者の要求として絶対に譲れない基本線だということを強調していた一つについて、友納裁判長がなかなか難しいというような発言をした時です。板井先生が突然、「私は弁護士生命をかけてこの和解に臨んでいるんだ。裁判所も裁判官生命をかけてこの和解に臨んでもらいたい！」と発言しました。まさしく友納裁判長たちに「たんか」を切ったのです。友納裁判長は全く表情を変えることもなく、「もちろんです」と答えました。私は板井先生の発言が単なる「私的感情（私憤）」ではなく、被害者みんなの立場に立った「公憤」だということを裁判長も正しく受止めたのだと思っています。もちろん友納裁判長が優れた裁判官であったことも水俣病患者にとって幸せなことでした。友納裁判長はこの発言どおり、文字どおり裁判官生命をかけ、国から御用学者まで動員した厳しい抗議を受けながらも、ついに転勤することもなく、七年間三一回に及ぶ和解協議を行なって、ついに県、チッソと和解案を合意するというところまでたどり着きましたが、国がどうしても従わなかったため、和解成立には至りませんでした。しかし、この協議によって、熊本県と板井先生を中心とした私たち弁護団との間に固い信頼関係が築かれました。この信頼関係が、結局、川辺川のダム問題を解決する大きな力となったと確信しています。

同じ和解協議の場でもう一つの場面があります。

私たちが認定審査についてある提案をしたところ、県は「そんな案は受入れられません」と反対の意見を述べました。県とチッソが一時退席して、裁判所と私たちだけの協議になった時、板井弁護士は裁判長に対しにっこりと、「私たちの提案に県は賛成しましたよね」と言ったのです。裁判長はびっくりして、「いや、受け入れられませんと反対していたでしょう」。板井先生は平然と、「いや、本当にだめなときは、その案が押し付けられるのであれば席を立ちます、という言い方をしてきたでしょう。今の反対の言い方は、私たち原告の提案であれば受入れられないが、裁判所がこの案でまとめたい、と言って下されば裁判所の提案には仕方がないということで従うことができます、といった意味ですよ」と裁判長に説明しました。裁判長は決して納得したわけではありませんでしたが、私たちが「ぜひ裁判所案として県に強く受入れを進めてほしい」と強調したため、私たちが退席後、県との協議の場でそのとおり提案したようです。結果として板井弁護士が説明したとおり、県は「裁判所の強い御提案であれば受入れます」と回答しました。このような場面が何回もありました。私は板井弁護士のこの判断の正確さに驚くと同時に、この能力はどうやって身につけることができたのか、といつも考えていました。

先生のこのような取組みは、川辺川のたたかいにおいてさらに「住民がたたかいの主人公」という思いが実現されていくように思えます。

川辺川の取組みのなかで言われた「我々は公共事業の妨害者ではない。あるべき公共事業の推進者なのだ」という発言もその代表です。私はこの言葉が大好きでした。国、官僚は自分たちの誤りを指摘されると、私たちに対して「何でも反対」「反対のための反対をする」連中だ、要するに「妨害者だ」というレッテル貼りをしてきます。俗によく言われる「反対ならば対案を示せ」というやりとりも同じ様なことでしょう。

このような官僚が宣伝する「俗論」は、「俗論」として生き続けているだけのそれなりの強さを持っているように思えます。先生はこの「俗論」が川辺川問題については全くの誤りであることを正面から提起し、ダム推進論を打破りました。地域の住民がそれぞれ生活を営んでいるなかで、痛切に求めている要求を正確に住民全体の合意としてまとめ上げ、その実現を目指す事こそが真の公共性であること、国、自治体が実現すべきなのは、このような住民の合意による切実な要求なのだということだと思います。それは決して国、官僚が住民の合意に反して住民に押し付ける「ニセの公共事業」ではない、ということを正面から突き付けたたたかいであったと思います。そしてこの「地域住民の合意」に基づく真の「治水・利水事業」が県知事主導によって繰返された県民集会によって実現できることが可能になった、という状況をつくりだすことに成功したように思えました。しかし、国、官僚は、川辺川ダム建設事業を中断したように見せかけながら、住民が要求し実現を求めた真に必要な治水・利水事業は徹底してその実行をサボタージュし、川辺川ダム事業再現をねらい続けました。そして、不幸なことに今回の球磨川水害をきっかけに一気に川辺川ダム計画を生き返らせようとしています。

ここであらためて先生の「おぼれる犬は徹底的にたたいて沈めよ！　そうしなければ息を吹き返し陸に上がってきて悪さを続ける」という言葉の正しさを痛恨の思い出でかみしめます。官僚は「自らが定めた政策しか決して実行しない、司法の判決やましてや住民の声などは決して聞かない」とうそぶいています。それが「わが国の根幹だ」と平然と言っています。

水俣病の認定問題をめぐるたたかいがそうでした。当時、まだ若かった私は、この官僚（担当課長）の言葉を水俣病認定をめぐる議論のなかではじめて聞いた時、あまりのことに返す言葉を失いました。この言葉が決して思い上がった一官僚の誤った発言ではなかったことは、その後、国の認定規準がいかに誤っているかを明らかにした判決が下されるたびに、たとえそれが最高裁判決であろうとも、歴代環境大臣は、「司法判断と行政判断は違う」と言い放って決して認定規準を判決に従って改めようとはしていません。この国、官僚の憲法違反的「放言」は、それでもまだ彼らの法的言い訳として、「判決は主文であって、それには従わなければならないが、判断理由中の説明は従うべき判決ではない。だからちゃんと主文には従っている、主文がこの原告にいくらの金を払えといっていれば、その金はすぐに支払う」と官僚の態度の正当性を言い逃れてきました。この言い訳すら破って正面から主文に従わず、司法に敵対したのが諫早干拓事業をめぐるたたかいです。福岡高裁は調整池の常時開門を命じ、時の総理大臣だった菅氏は国民に対し、国はこの判決に従って開門することを約束し、福岡高裁判決を確定させました。この「常時開門」はまさに判決主文なのです。しかし、驚くべきことに国、官僚はこの「確定した判決主文」さえ実行を拒否しました。考えられる限りの策動を行ない、結局、判決確定後一〇年を経過した現在まで「開門」は実現していません。国、官僚は今や開門という「確定判決の実行を求める勝訴原告らの請求は権利の濫用だ」と公然と主張しています。「まさにおぼれる犬」に対し手をゆるめそのまま見すごしてはいけないのだ、とあらためて痛感します。この間に被害はますます拡大し、深刻化しています。しかるに国は球磨川水害のように、自らのサボタージュによって生じた被害まで逆手に取ってダム建設を実行しようとするのです。

先生はこのような国、官僚とのたたかいに必要なのは「力を持った正義」でなければならない、と強調し続けました。単なる「正論」を主張さえすればそれで「正義は勝つ」として実現できるなどということは決してあり得ない、権力に押しつぶされるだけだ、ということです。その「力」、権力をも圧倒して私たちの意思を実現できる「力を持った正義」とは一体何なのか。私はそれは「国民の総意、住民の形成された合意の意思」ということなのだ、と考えています。

先生は、「住民参加から住民決定へ」というタイトルで次のように言っています。「もはや国交省が地域住民の声を勝手に作り変える時代は終わりました。その意味で住民こそが主人公の時代が着実にこの人吉、球磨地方には来ています」。

私自身はこの結集した仲間をつくりあげていく具体的な取組みを水俣で事務所を開くことによって、一から学べたと感謝しています。板井先生も沖縄でのたたかいから得た教訓も大きいと思いますが、さらに水俣で事務所を開くことによってますますより鍛えられ、豊かな活動の内容になっていったのだと思います。「力のある正義」と先生がいう時、そばにいる私たちは「そうだ、私たちはその道を歩んでいる」と実感できました。

ハンセン病問題の判決直後、いかに一気に解決するか、という場面で先生は私に、「判決は政府だけではなく国会の責任も厳しく認めている」と強調しました。問題解決の責任の重要なカギを国会議員自身にも負わせる、ということだったと思います。普通、国会議員に話をする場合は、いかに政府、官僚に働きかけてもらうか、という政府、官僚を動かすための活動だと理解していた私には、まさに目からうろこでした。そうなんだ、国会議員自らの責任の問題でもあるのだということでした。ハンセン病問題の解決にとって重要な視点のひとつだったと思います。このような「正義を実現する力」をつくりあげていく努力の積重ね、その結果が問題解決へ前進する大きなたたかいになるのだと思えます。

先生はダム建設事業が着手後に中止された場合について、「ダムによらない地域振興を推進する特別措置法を作ることが緊急の課題となっています」と強調しています。ダム建設を前提にした「水源地域対策特別措置法」がこれまでダム建設を推進する力になっています。それに対してダム建設を前提とした地域づくりの強制をやめさせ、そこから脱却してダムによらない新たな地域推進を図る政策を位置づけ、予算化できる制度的担保が求められている、という指摘です。

「川辺川ダム問題は住民決定の闘いの歴史であり、これを行政は公認しました」という先生の極めて明解な言葉に、あらためて感動しますし、この「住民決定」、すなわち「公共事業は住民の意思に基づいて地域に根ざした住民要求を実現する事業でなければならない」ということを現実に実現するたたかいが取組まれています。先生はその実現を担保する法制度と予算制度を実現する取組みの先頭に立っていました。私も有明、石木ダムのたたかいにおいて、先生の提起を一緒になって実現できるように力を尽くしてきました。

私たちの取組みは決して過去の被害の清算ではない、地域社会を全体として未来に向けて前進・発信していく道筋を切り開いていく闘いなのだ、ということをあらためて決意し、先生の遺志を大切にたたかい続けていきたいと願っています。

水俣病患者救済のたたかい

村山 光信

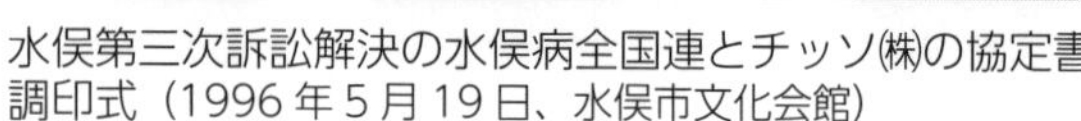

水俣第三次訴訟解決の水俣病全国連とチッソ㈱の協定書調印式（1996年5月19日、水俣市文化会館）

昭和三四年一二月、チッソと水俣病患者家庭互助会とが締結した見舞金契約で、診査協議会が認定した者に対し見舞金が支払われることとなった。その後、認定機関は、根拠などを変え、現在の認定審査会にいたっているが、「認定」された者だけに支払われるという性格は不変であった。

「認定」の基準とされたのは、古典的な水銀中毒のハンター・ラッセル症候群であり、感覚障害などの五徴候の認められた患者だけが水俣病とされた。

昭和四六年八月、環境庁長官は、認定を棄却された患者らの行政不服審査請求を認め、水俣病でないとした熊本県知事の処分を取消す裁決をなした。その際、環境庁事務次官は、水俣病のいずれかの症状があり、有機水銀の影響が認められる場合には他の原因があっても水俣病とする、いわゆる四六年事務次官通知を発し、文言上は幅広い救済が図られることとされた。認定審査会委員は反発した。

昭和四八年三月、水俣病第一次訴訟判決後、チッソと患者団体とで補償協定が結ばれ、希望する認定者には判決と同様の補償金などが支払われることとなったが、認定はなおきびしい状態であった。

「第三水俣病」問題後の昭和五二年七月、環境庁は、複数の症状の組合せを必要とする、いわゆる五二年判断条件を発した。翌五三年七月、環境事務次官は、いわゆる新事務次官通知を発し、五二年判断条件にのっとり判断すべきものとした。文言上も厳しい判定基準となったのである。

第一次訴訟の判決言渡し直前の昭和四八年一月、水俣病第二次訴訟が起こされていた。行政認定された患者は、補償協定の適用を受け訴訟をとりさげていったため、第二次訴訟は、未認定患者が水俣病かどうか、水俣病はどういう病像なのかが問題とされることとなった。

弁護団が水俣病の判断基準を明らかにしたのは昭和五二年一一月の第三準備書面がはじめてである。提訴後五年近くたっていた。

この書面は、県民会議医師団などの研究成果にもとづき、医師団と弁護団とが合同で会議を開いてまとめたもので、疫学的条件があり、四肢末梢の感覚障害が認められれば水俣病と判断できる（「水俣病の診断を確実にするもの」）とした。この主張の最大の根拠となったのは、藤野先生らの桂島などにおける調査研究の成果であった。

藤野先生らは、四肢末梢性の感覚障害は水俣病に特徴的で、水俣病の基本的な症状であることを明らかにした。

弁護団は、その後一貫してこの判断基準に依拠し、主張、立証してきた。

昭和五四年三月、第二次訴訟熊本地裁判決が言い渡された。判決は、一四名の患者（一名は未申請）のうち一三名を水俣病と認めた。判決は、病像について、「水俣病には…かなり症状の重いものから…比較的軽症のものまで、症状に連続的な変異がみられる」、「水俣病を単にハンター・ラッセルの主症状を具備したもの、もしくはこれに準ずるものといった狭い範囲に限ることは相当といえず、…どの程度有機水銀に曝露されてきたのかを…考察し、さらに各人に有機水銀中毒にみられる症状がどのような組合せで、如何なる程度ででているかを検討し、その結果各人の症状につき有機水銀摂取の影響によるものであることが否定できない場合には、…水俣病として捉え、損害賠償の対象と…する」、「他の病気に罹患しており合併症が存する場合にも、当該症状のすべてが明らかに他の疾患を原因とするものであることが認められる場合を除き、…有機水銀の影響の有無を判断していく」とした。

昭和六〇年八月、第二次訴訟福岡高裁判決が言い渡された。熊本地裁判決前後に行政認定された患者の関係で和解が成立したので、五名の患者について判決がなされ、福岡高裁は、五名の患者のうち、病理棄却された一名以外の四名を水俣病と認めた。

高裁判決は、審査会で四肢末梢の感覚障害だけはあるとされながら認定を棄却された患者がいたことから、我々の主張に対して真正面から判断した。

判決は、「メチル水銀中毒症状としての知覚障害は極めて高頻度で発症をみるものである、…四肢の知覚障害でも遠位部優位の手袋、足袋様の知覚障害は、…極めて特徴的な症状であるので、このような知覚障害の診断所見しか得られない場合も、当該患者の家族に水俣病症状が集積し、疫学条件が極めて高度と認められれば、右症状が他の疾患に基づくことの反証がない限り水俣病と事実上推定するのが相当であり、高度の蓋然性を以って水俣病と認定できたものというべきである」とした。

そして、判決は、五二年判断条件が「少なくとも認定審査の運用上水俣病の認定要件をきびしくしたもの」としたうえで、「昭和五二年の判断条件は、いわば前記協定書に定められた補償金を受給するに適する水俣病患者を選別するための判断条件となっているもの…と評せざるを得ない。…、昭和五二年の判断条件は前叙のような広範囲の水俣病像の水俣病患者を網羅的に認定するための要件としてはいささか厳格に失しているものというべきである」、「審査会の認定審査が必ずしも公害病救済のための医学的判断に徹していないきらいがある」とした。

高裁判決は、被告とされなかった国の認定基準を真正面から批判し、我々の主張を正面から受け入れたのである。

環境庁は、福岡高裁判決をうけても、判断条件を変更しないこととしたが、棄却者の中で一定の要件（四肢の感覚障害）をそなえた者に対して「特別医療事業」として医療費を支給することとした。

たてまえ上、特別医療事業対象者は水俣病患者でないとして棄却され、医療費が支給されるが、認定基準をそのまま維持できないことを行政自身が認めざるをえなくなったことは明らかである。

特別医療事業は平成七年の第三次訴訟解決の際に水俣病総合対策医療事業に拡大、引きつがれていく。

井形昭弘（鹿児島大学元学長）とも意見交換の場をもった。井形先生（前列中央）の左が村山光信弁護士。

なお、第三次訴訟でも病像が問題となった。新潟水俣病の発見者である椿教授が国申請の証人として採用されたので、久しぶりに医学部に通い、水俣病に関する椿教授の論文などを体系的に調査した。昔ながらの医学中央雑誌で検索し、論文を集めていくやり方である。一部の文献は中央図書館にもどの研究室にもなく入手できなかったが、必要なものは集められたと思う。

新しい発見などないと思っていたが、調査の結果、椿教授も水銀値が高ければ四肢末梢の感覚障害だけで水俣病と診断していたことが判明した。さらに、熊本の認定審査会の有力者が、学会報告で、感覚障害だけを呈する患者の存在することを認めたうえで、「補償問題が起こった際に水俣病志願者が出現したので、ハンター・ラッセル症候群を基準にすることにして処理した」と述べていることが判明した。「ニセ患者」発言の源流を見た思いがした。

水俣病患者救済のたたかい

松野 信夫

水俣病患者救済のたたかいは、その中心に裁判闘争があったが、裁判手続を進めるだけでは決して勝利できない。水俣病のような社会的事件であれば、最終的な決め手は世論であり、「水俣病患者を救済せよ」、「患者を見殺しにするな」といった世論の盛り上がりが勝負の決め手になる。これは弁護団共有の認識であり、法廷内の闘いの他に法廷外での世論を味方に付けるための闘いも、ありとあらゆる方法で遂行された。それは日本国内にとどまらず、国際的な活動でもあった。

水俣病として特筆すべきことは、①被害者の粘り強い闘いによってありとあらゆる裁判が提起されたこと、②政治解決を目指して与野党問わず政党や政治家を動かしたこと、③国際的なアピールを展開したことがあげられる。

水俣病事件は、四大公害事件の中でも飛び抜けて多くの民事訴訟、刑事訴訟、行政訴訟などが提起されていることはよく知られている。

そして、与野党を問わず自民党から共産党まで巻き込んだ政党への働きかけ、国会活動、国際活動も、それこそ考えられるあらゆる場面で活動を行なった。こうした活動を立案し、主導した中心は、東京の豊田誠弁護士と熊本の板井優弁護士であった。熊本の弁護団は、今から考えると実に多士済々であった。訴訟の見通しがよくできる者、コツコツと勉強する学者肌の者、走り回って運動を支える者など、上手い具合にかみ合っていた。

私自身は、一九八二（昭和五七）年四月の弁護士登録であって、司法修習生の時から水俣病の弁護団会議などには参加させてもらっていたが、水俣病第三次訴訟当時はいわば駆け出し弁護士であった。ただし生まれ育ちが東京であったということから、いきおい弁護団の中では東京での運動班、政党対策を担当することになった。

熊本地裁の水俣病第三次訴訟の判決は一九八七（昭和六二）年三月三〇日であったが、私は東京での運動班ということで、少し前から東京に滞在していた。熊本地裁の判決言渡しの後、判決の要約版が配られ、早速ＦＡＸで東京にも送信された。このＦＡＸは、私が待ち構えていて最初に受信して読むことができた。まず勝訴したことが分かり、そのうえで責任論として力を入れていた食品衛生法、水産資源保護法、漁業法、水質二法など全ての分野で国の責任が認められたことが分かった。早速、東京の弁護団、支援者の前で報告させてもらうことができたが、とにかく興奮していて、食品衛生法でも勝ちました、水産資源保護法でも勝ちましたなどと報告して、とにかく勝った、勝ったということを繰り返していたように記憶している。私の後から東京のベテラン弁護士が要領よく報告して、これからの運動が大事だなどとまとめていただいた。

水俣病全国連では途中から政治解決を目指すことになり、政党対策や国会議員対策は、判決前からも取り組んではいたが、より活発になったのはこの判決後であった。判決後には、環境庁で政府交渉を行なったが、その前に何人もの国会議員と相談して長官交渉をセットしてもらった。熊本地裁判決当時の環境庁長官は稲村敏幸氏であったが、あまり目立たない人であった。二〇〇一（平成一三）年には環境省に昇格したが、当時は環境庁であって、政府の人事配置でもさほど重視されていなかったように思う。実質的な初代の長官は大石武一氏で、大石氏は議員を辞めた後でも環境庁との交渉などでは大変お世話になった。議員を辞めても役人を叱りつけたりして、これを見ていた私は、医師でもある大石氏は水俣病のことをよく勉強していて、さすがの人物と感じていた。

その後の環境庁長官で記憶に残っているのは、海部内閣での北川石松氏、宮澤内閣での中村正三郎氏、村山内閣での大島理森氏である。中村氏は温厚な感じではあったが、水俣病のことはあまり分かっている様子ではなかった。北川氏、大島氏は水俣病について勉強もしていた大物議員であり、特に大島氏が環境庁長官でいてくれたからこそ、九五年の政治解決に至ったと思う。何事をなすについても、解決するときにはそれ相当の人物や担当者がいるものである。また、そうした人物がいなければ解決しない。原告団、弁護団もしかり、裁判所、政治、行政の場面でも同様である。名前までは挙げないが、解決するに相応しい人物が九四年から九五年にかけて揃っていたといえる。

熊本では政治家として田中昭一代議士には親身に指導してもらったり、お世話になった。私が政治家を目指すことになったのも田中氏の存在が大きい。水俣病患者救済のために一肌も二肌も脱いで走り回っている姿を見て、やはり政治家としてこうした人物がいないと被害者救済も実現しないと体感したことが、その後の弁護士から政治家への転身に繋がった。

さて、水俣病事件では国際的アピールも世論形成には重要な役割を果たしたといえる。私自身も、国際活動は重要な活動であると考えていたし、水俣病弁護団に参加していたからこそ国際活動にも関与することができたと言える。水俣病の被害を訴え、その教訓を世界の人たちにも届けなければならないということは、水俣病第一次訴訟のときからの使命でもあった。板井優先生は、決して英語は上手とはいえなかったが、それでも一緒に国際活動をさせていただいた。

学者の中ではとりわけ原田正純教授の存在が何と言っても大きい。原田先生自身、カナダやアマゾンにも出掛けられて水銀被害の現地調査にも携わってこられたが、水俣病事件はいまだ終わっていないこと、この公害の実態が日本政府によって誤魔化されて世界に報告されているので、これを正しく伝えていかなければならないとの思いは強いものがあった。

水俣病全国連としては、手始めに、国内外からの学者を呼んでシンポジウムを行なった。これは一九八八（昭和六三）年一一月に熊本市内のホテルを借りて開催したものであるが、正直言って、よくこれだけの著名な学者を集められたものだと感じていた。その当時、豊田弁護士は、このシンポジウムのために弁護団がウン百万円負担するが、かける費用以上の宣伝効果はあると豪語しておられた。蓋を開けてみればまさにそのとおりであった。日本各地からの学者・研究者の他にアメリカ、ドイツ、マレーシア、フィリピン、タイからの学者も参加した。英文付きのシンポジウム報告書も作成され、大成功であった。

この時私は、大阪空港に到着するアメリカからの学者を出迎えに大阪に向かった。この時の出迎え担当は、竹中敏彦弁護士と私であった。大阪空港で何とかアメリカの学者を出迎えることができたが、便の到着が大幅に遅れたため夜遅くなり、急遽ホテルに宿泊してもらうことになった。アメリカの偉い学者ということで、どんな人物であろうかといささか緊張して出迎えたが、さほど大きくもないバッグ一個を手に提げて普段着のようなジャケットを着て現れたので、その気軽な出で立ちにもビックリした。アメリカの学者は気難しいかと思っていたところ、気さくな感じの方で、ある意味助かったと胸をなで下ろした記憶がある。

リオ到着直後における水俣病の記者会見

次の国際活動として、一九九二（平成四）年五月、水俣病全国連UNCED代表団四八名がブラジルを訪問した。水俣病被害者の会の橋口三郎会長は水俣病認定患者であり、それこそ死を覚悟して参加された。ここでは、翌月に開催されるリオの地球サミットと並行して行なわれる民間のグローバルフォーラムに参加して、水俣病のブースを開設し、解決していない日本の環境問題として世界に訴えることであった。とりわけ日本政府が、水俣病は解決済みであるかのように刊行物に掲載していたので、この誤りを正すうえで大きな役割を果たしたと思う。

私が個人的に記憶しているのは、現地のマスコミが橋口さんから被害の実態を聞くことになり、突然、私がその通訳をやることになったことである。橋口さんとしては言いたいことが一杯あったのであるが、私の英語力からしてそのうちの半分も訳することができなかったことである。およそのことは通訳してブラジルのプレスに伝えたが、翌日の地元新聞には「matsuno's team」と書かれていたのにはビックリした。いつの間にか、私が団長のように書かれたのであった。

リオのグローバルフォーラムでの水俣病ブース

また、水俣病事件を訴える私たちのブースには世界各地からの人たちが来てくれて、その応対も慌ただしかった。私がブースに詰めていた時、どこかの国の親子がやって来て、子どもがブースに飾っていた紙製の小さな鯉のぼりを欲しがった。私が気持ちよくその子どもに鯉のぼりを外して渡してあげたところ、子どもがとても喜んで振り回していたことを覚えている。民間団体のブースには、こうしたほのぼのとした雰囲気もあった。

リオの地球サミット自体に政府関係者以外の参加はできなかったが、こうした民間レベルでの活動は活発であり、世界的なＮＧＯが大きなブースを設置して環境問題のアピールをしていたことも思い出に残っている。ＷＷＦ、グリーンピースなどは非常に大きな組織であり、大きなブースを持って全世界で活動していることが窺えるものであった。

その後の大きな国際的な活動としては、同年一一月、国連に水俣病早期救済を訴える一〇〇万人の署名を届けたことである。行き先はニューヨークの国連である。団長は松下哲三熊本県総評センター理事長であり、私が団長を支える役割であった。国連では、国連事務次長や国連環境計画（ＵＮＥＰ）の役員にも面会することができ、無事、名簿を送り届けることができた。

ニューヨーク国連に100万人署名を届ける

この時、国連のビルの中には国連見学者用の土産物店があり、松下団長に頼まれて私が同行したところ、松下団長は熊本の友人・知人への土産と言って、国連のマークの付いたネクタイピンを一〇〇個余り購入された。それだけの土産物を持ち帰らなければならないほどの仲間に支えられていることが分かり、感じ入った次第であった。

こうした国際活動を通じて、いささかでも水俣病被害者の救済のたたかいに貢献できたことを嬉しく思っている。

（元参議院議員・弁護士）

「水保学校」とノーモア・ミナマタ第一次国賠訴訟

園田　昭人

　私は、一九八七年四月、弁護士登録と同時に水俣病第三次訴訟の原告代理人になりました。水俣病訴訟弁護団の常任弁護士は、十数名であり、団長は千場茂勝弁護士、事務局長は当初が竹中敏彦弁護士で途中からは板井優弁護士でした。弁護団会議は激論になることがしばしばあり、午後六時ころから始まった会議は午後一〇時過ぎになることもありました。情勢や方針についてそこまで深く考えるのかと驚かされることも何度もありました。しかし、冗談も一切言わない会議かといえばそうではなく、会議が膠着状態になるなか、竹中敏彦事務局長が、飲むために持ってきていたお酢を自分の頭髪にかけお酢の香りが部屋中に広がり爆笑が起き、雰囲気が一気に変わるというようなエピソードも多々あり、愉快な会議でもありました。

園田昭人弁護士

　水俣病訴訟弁護団は、「水俣学校」といわれ、公害弁護士の寺子屋のようになっていました。団員は、みな泥臭い公害弁護士を誇りにし、他の団員を尊敬していました。かくいう私も、「水俣学校」

の生徒であることを密かに誇りにしています。そして、実はまだ卒業していません。卒業していないのは、現在もノーモア・ミナマタ第二次訴訟の代理人をやっているからです。ここでは、この第二次訴訟の前のノーモア・ミナマタ第一次訴訟の経過につき、板井優弁護士の思い出も含めて述べたいと思います。

史上初めて国と熊本県の国賠責任を追及した水俣病第三次訴訟は、一九九五年に終結しました。訴訟外の患者も含め約一万人が補償を受けました。しかし、濃厚汚染時に不知火海沿岸地域には約二〇万人の住民が居住しており、全般的な実態調査が行なわれていなかったことから、多数の被害者が取り残されていると考えられていました。

二〇〇四年一〇月一五日、国、熊本県の国賠責任を肯定する水俣病関西訴訟最高裁判決が言い渡されたことで、多くの住民が認定申請に立ち上がりました。しかし、国は認定基準を改めず、十分な救済策も取りませんでした。二〇〇五年一〇月三日、水俣病不知火患者会が母体となり、最初の五〇人がチッソ、国、熊本県に対し、損害賠償を求める訴訟（ノーモア・ミナマタ第一次訴訟）を熊本地方裁判所に起こしました。この訴訟は、司法制度を活用して、大量・迅速な被害者救済の実現を目指すものでした。実は、この構想は「水俣学校」で学んだものでした。しかし、水俣病の裁判史上、国が解決協議に応じたことは一度もなく、国を解決のテーブルに着かせること自体がたいへん困難な課題でした。この構想の実現のため、幅広い世論の支持の獲得、大量提訴、医師団の診断の正しさの証明を戦略の柱に据えました。当初のころは、「水俣病問題は解決済み」という世論でした。そこで、水俣市から北海道まで全国縦断キャラバンを約二ヵ月

ノーモア・ミナマタ第一次訴訟（タスキがけの右が筆者）

にわたって行ないました。毎年六月に行なわれる公害被害者総行動に参加し、環境大臣交渉を行ないました。また、何度も議員会館を訪問して国会議員に要請を行ない、各地で多くの街宣活動を行ないました。そして、医師団の協力のもと、被害者の掘り起こしを行ないました。約一〇〇〇人が受診した不知火海大検診も実現しました。熊本地裁、大阪地裁、東京地裁へ次々に追加提訴を行ない、最終的には約三〇〇〇名という大原告団になりました。これらも、全て「水俣学校」で学んだ戦略です。

二〇〇六年一月、原田正純医師、藤野糺医師、高岡滋医師が中心となり、確実・迅速な診断のための「共通診断書」のフォームを完成させました。裁判では、共通診断書による診断の正しさを立証することを最大の目標に掲げ、主張を展開し、高岡滋医師の七回にわたる証人尋問で、大きな成果を得ました。

与党（自民党、公明党）水俣病問題プロジェクトチーム（与党PT）は、二〇〇七年一〇月、解決案を示しました。この解決案は、水俣病関西訴訟最高裁判決を踏まえていないこと、症状条件も狭いこと、補償としても不十分であることなど問題が多いことから、ノーモア・ミナマタ第一次訴訟原告団（水俣病不知火患者会）は、同年一一月の総会で拒否を決定しました。その後、与党は、「水俣病被害者の救済及び水俣病問題の解決に関する特別措置法」を国会に提出しました。ノーモア・ミナマタ第一次訴訟原告団、弁護団は、与党提出の法案は、加害企業であるチッソの分社化を認める法案である故、成立させるべきではないとして、約六〇名で二週間にわたって国会前で座り込むとともに、国会議員に要請を行ないました。他方で、民主党も水俣病関西訴訟最高裁判決を踏まえた法案を提出しました。その後、与党PTと民主党ワーキングチーム（松野信夫座長）との間で継続的に協議がなされていました。与党案と民主党案の隔りは大きく、合意は困難と思われていましたが、民主党が、国対委員長、政調会長レベルで協議することにしたことから、与党案を一部修正のうえ賛成に転じ、二〇〇九年七月八日、ほとんど審議もないまま成立するに至ったのです。

ノーモア・ミナマタ第一次訴訟原告団及び弁護団は、与党PTが裁判所での協議による解決を肯定していたこと、特措法に三本柱の補償（一時金、医療費、療養手当）も明記されたことから、被告国らは速やかに裁判所での解決のテーブルに着くべきことを訴訟の内外で強く求めました。その結果、政権交代後に就任した田島一成環境副大臣が同年一〇月三一日に水俣市に来訪し、和解に向けた事前協議を行なう方針を表明しました。

そして、ノーモア・ミナマタ第一次訴訟原告団及び弁護団と環境省との間で、和解協議に向けた事前協議が開始されることになり、多数回の協議を行ない、論点の整理を行ないました。二〇一〇年一月二二日、熊本地裁（高橋亮介裁判長）は、全ての当事者に対し和解勧告を行ない、同日、第一回の和解協議が行なわれました。その後、熊本地裁は、四回の和解協議を経て、同年三月一五日、和解所見を示しました。

鳩山由紀夫首相は、同年三月一九日、和解所見の受け入れを表明しました。ノーモア・ミナマタ第一訴訟原告団は、同年三月二八日の総会において、和解所見の受け入れを決めました。こうして、同年三月二九日、熊本地裁において基本合意が成立しました。そして、熊本地裁、東京地裁、大阪地裁で二〇一一年三月二八日までに水俣病裁判史上はじめて国も加わった和解が成立し、五年半にわたる裁判は全て終了しました。

この和解の成果としては、①四肢末梢性のみならず全身性の感覚障害などを救済対象として救済要件を拡大したこと、②救済要件の判定機関として原告側・被告側の医師を同数含む「第三者委員会」方式を実現したこと、③医師団による共通診断書を公的診断と対等の判断資料とさせたこと、④その結果として、三〇〇〇人の大原告団の九割を超える救済率での大量救済を五年半で勝ち取ったこと、⑤天草をはじめ従来「対象地域外」とされてきた地域でも、対象地域の拡大や立証の努力によって相当の救済率を実現したこと、⑥水俣病のたたかいの歴史上初めて一九六九年以降の出生者からも救済対象者を出したこと、が挙げられます。

ノーモア・ミナマタ第一次訴訟を進めるにあたって、板井優弁護士が何らかの助言をされたことはありません。伊勢半あたりで酒が入ると、「闘え！　闘え！」と言われたことはありますが、こうすべきとか、それじゃだめだよなどと言われたことは一切ありません。「頑張ってるね」とか「よく闘っているね」とか、励ましていただいたことは何回もあります。水俣学校の生徒として及第点に達していたのかは分かりませんが、公害弁護士らしさは感じ取られ、嬉しく思っておられたのではないかと勝手に思っています。千場茂勝弁護士をはじめ諸先輩弁護士から、「頑張っているね」と言われています。

その後、特措法による救済は進みましたが、環境省は、対象地域外の申請者の検診を拒否したり、血の出るほど針を突き刺す検診がなされたり、受付を締め切るなど不当な運用をしたことから、地域外の被害者が中心となり、ノーモア・ミナマタ第二次訴訟を、二〇一三年六月二〇日、起こしました。この訴訟は山場を迎えており、二〇二三年には結審予定です。板井優弁護士の長男・板井俊介弁護士も、この弁護団で活躍しています。今は亡き千場茂勝弁護士、竹中敏彦弁護士、板井優弁護士、西清次郎弁護士にも、暖かく見守っていただいているものと思っています。

一人一人は弱く小さくても、多くの者が団結し知恵を出し合い行動することで困難な課題も解決できること（みなが一歩を踏み出せること）を、ノーモア・ミナマタ第一次訴訟の闘いは示しています。

（弁護士）

板井優弁護士と闘った水保病患者救済のたたかい

藤野　糺

一．八重子夫人の水俣着任

一九七四年一月、私たちは水俣病患者の健康を守る砦として、水俣病被害者とともに水俣診療所を設立した。しかし、常勤の内科医がいなかった。私たちは開所直後より全日本民主医療機関連合会から一～六ヵ月間隔で内科医師の診療派遣を受けて来た。その中に、熊本県民医連所属の東京民医連で卒後初期研修中の板井八重子医師がいた。夫である優先生は弁護士となって故郷の沖縄で活動することを人生最大の目標として受験勉強中であった。

私たちは優先生に「八重子先生の水俣勤務を許してほしい」と水俣病患者とともにお願いに行った。優先生にとっては〝苦渋の選択〟だったと思うが、「診療所には内科医が必要であろう」とそれを受けとめ、認めて下さった。当時、水俣病患者は放置・差別され、隠れ置かされた状態であり、医療救済が何よりも必要であることを優先生がよく理解して下さっていたものと心より感謝した。

このようにして開所二年目の一九七五年一〇月、八重子夫人が常勤の内科医として単身で着任された。

優先生も単身で司法試験の受験勉強をされ、見事合格された。

二．優弁護士着任前の水俣病裁判と医師団の取り組み

私たち県民会議医師団は、一九七一年一月に水俣病訴訟支援・公害をなくする県民会議代表幹事の一人である上妻四郎医師を団長に正式に発足したが、前年の一九七〇年六月より取り組みを開始していた。その時の認定患者数は一一六人であり、発生時期は一九五三年から一九六〇年、診断基準はハンター・ラッセル症候群とされていた。

初期の私たち医師団の活動は名称にあるように、一九六九年六月に提訴された水俣病第一次訴訟原告であった急性劇症や典型的な胎児性の被害者（いわゆる旧認定患者）とその家族を診察（死亡原告患者に関しては病歴を詳しく聴取）し、その結果を医証として裁判所に提出し、現地出張尋問の際は補佐人として裁判官に病状を説明することであった。私たちは全員で活動したが、医証作成は原田正純先生が、補佐人説明は原田正純先生と私とがあたった。また、原告の隣近所に存在する多数の未申請の重症患者を診察し、認定申請に繋いだ。後に、その後公表された当時の毛髪水銀高値者を意識的に追求した。

さらに、厳しい認定診断基準のため認定申請を棄却された川本輝夫氏ら九人が一九七〇年八月に行なった行政不服審査請求事件の請求人患者を診察し、代表して原田正純先生が診断書を作成した。これに対し

て環境庁は一九七一年八月、熊本県の処分取り消しを命じ、請求人は水俣病と認定された。同時に水俣病の認定について、「感覚障害などが一症状でも、否定できない場合も水俣病」という事務次官通知を出した。これによって認定審査会が改編され、認定患者は一時増加した。

三．熊本大学第二次水俣病研究班の報告と国・県の動き

一九七三年三月の水俣病訴訟の原告側全面勝利の歴史的判決後の同年五月、原田先生や私も教室員として参加した熊本大学第二次水俣病研究班の濃厚汚染地区の悉皆調査報告があった。そこでは調査時の全人口の二八・五％が水俣病という恐るべき地域集積性を示した。

さらに、同班はアセトアルデヒド操業停止の一九六八年以後にも発病が続いており「慢性微量中毒」と、対照とした有明地区においても水俣病類似の患者が発見され、有明海にはアセトアルデヒド工場と水銀電解法による苛性ソーダ工場があったことから、「第三の水俣病」発生の可能性があることなど重要な報告をした。

その直後、徳山湾や新潟県関川水系で類似患者が発見され、全国各地で水銀パニックが起こった。しかし、国と企業の公害巻き返しの攻勢はこの機より着実に始まった。第三水俣病の発生を認めれば水俣病判決により、ソーダ工場は操業停止を余儀なくされるからである。水俣病の原因が究明された一九五九年の

再現であった。

環境庁は椿忠雄教授を班長とする健康調査分科会を発足させ、類似患者をすべて「シロ」と判定した。他方、通産省はソーダ業界に対して一九七八年三月末までに水銀を使用しない製法に転換することを資金付きで行政指導した。同時に熊本にあっては二次研究班の三教授を水俣病認定審査会から排除し、一九七四年二月、第三水俣病を否定した九州大学・黒岩義五郎教授を座長とする「水俣病認定業務促進検討委員会」を発足させ、二〇〇〇人を超える申請者を一気に大量棄却処分しようとした。

そして、一九七七年には「感覚障害を共通症状として、失調・視野狭窄などとの組み合わせを要する」判断条件を作り、国の水俣病患者切り捨て政策は着々と進んだ。

四．立ち上がる水俣病被害者の裁判闘争と優弁護士の着任

一九七三年一月に提訴された水俣病第二次訴訟は、行政により棄却処分を受けた患者一三人他が原告となり、法廷で水俣病像を争う医学裁判となった。医師団は全国の専門医の援助も得て、一九七四年より始まった桂島の地域ぐるみの精密検診結果などを武器に闘った。また、第二次訴訟と並行して桂島検診などで集団申請し却下された四人が一九七五年六月、馬奈木昭雄弁護士、蔵元淳弁護士らを代理人として行政不服審査請求事件（公開審理）で私たちと共に闘った。

これらの闘いの最中の一九七七年夏、司法修習中の優先生と一緒に海路、桂島まで行き現地を案内した。私は漁業と食生活の実態を重視する優先生の現場第一主義を間近に見て感動した。

一九七八年五月、行政不服審査請求事件の裁決が出た。四人のうち二人は原処分取り消し（即ち認定）、二人については請求棄却であった。後者の二人は再申請によって認定されたので、私たちの診察が正しかったことを証明した。

第二次訴訟は一九七九年三月に判決が下され、原告側が勝訴した。原告団長・島崎成信は行政不服審査請求事件で一〇ヵ月前に行政認定されていた。しかし、チッソは控訴し、舞台は福岡高裁に移った。

優先生は同三月に司法研修所を卒業し、一九七九年四月より弁護士登録し、水俣病弁護団の一員としての活動を開始した。私たちの桂島精密検査の取り組みを高く評価して下さり、「汚染魚多食と感覚障害一つで水俣病と診断できる」と初めて言ったのは藤野糺だと事あるたびに強調された。

五．国相手の水俣病第三次訴訟と優弁護士の活動

第二次訴訟一審判決は行政の誤った処分に対する痛烈な批判であった。しかし、行政は「司法と行政は別だ」と居直りをした。そこで国・県の責任をも合わせて追及する第三次水俣病訴訟が一九八〇年五月に提訴された。

第三次訴訟は国家権力を相手にした裁判であったため、第一に全国的規模で闘うことが重視された。水俣に続いて新潟水俣病第二次訴訟（一九八二年六月）、水俣病東京訴訟（一九八四年五月）、水俣病京都訴訟（一九八五年一一月）、水俣病福岡訴訟（一九八八年二月）が次々と提訴され、一九八四年には水俣病被害者・弁護団全国連絡会議（全国連）が結成された。第二に原告数を圧倒的に増やしていくことが重視された。第三の重点は国民・国際世論に対するアピールであった。公正判決要請の署名に加えて、水俣病現地調査、県内・全国キャラバンで地方議会における国の責任による早期全面解決の決議を実現していった。国連事務総長やＵＮＣＥＤ（環境と開発に関する国連会議）、地球サミット（一九九二年、リオデジャネイロ）での訴えもした。これらの運動方針の立案と実現に果たした優弁護士の役割は大きく、評価に余りあるものと思う。

第二次訴訟控訴審判決が一九八五年八月に下された。控訴審では一審の病像論を支持し、①行政の認定審査会は医学的判断をしていない、②現在の環境庁の認定基準は厳格に失するという異例の行政批判をした。チッソは上告せず、この判決は確定した。しかし、裁判で確定しても国は認定基準を変えず、判決が示した基準の人を「水俣病とはしないで原因不明のボーダーライン層」として新たに位置づけ、医療費だけを国・県が負担する「特別医療事業制度」を一九八六年より発足させた。「事件は裁判所だけで解決するのではなく、運動と裁判の両輪がなければ解決することは出来ない」という優先生の言葉を実感した。

一九八七年三月三〇日、熊本地裁（相良甲子彦裁判長）において第三次訴訟第一陣の判決が言い渡された。

国の責任を断罪し、病像論においても医師団の主張をほぼ一〇〇％認めるものであった。

私たちは判決をテコに全ての被害者の救済を実現する取り組みを全国の弁護団と一緒に強めた。一九八七年七月、九月の二回に大阪で近畿民医連と京都弁護団が中心となり、水俣病の歴史で初めての県外転出者の一斉検診が取り組まれた。これに刺激を受け、同年一一月、不知火海一円一九ヵ所で全国から一一〇人の医師、七四人の看護婦ら三四五人のスタッフで一〇八四人の住民を一気に診るという不知火海大検診が取り組まれた。結果は水俣病（六七・八％）、その疑い（一四・〇％）であった。私はカーランド博士を招いての水俣病国際フォーラム（一九八八年一一月、熊本市）においてそれを報告した。

その後、大検診に参加した医師らも加わって、新たに熊本市、福岡市、東海、近畿、関東で次々と検診が続けられた。このようにして最終的に熊本の第三次訴訟原告団は一三六二人、全国連に結集する各地の原告総数は二二〇〇人を突破した。

一九九〇年九月、東京地裁の解決勧告を皮切りに、熊本地裁、福岡高裁、福岡地裁、京都地裁と怒濤のような勧告が続いたが、国だけは一貫してそれを拒否し続けた。そして、一九九二年六月、前述の特別医療事業に通院費を加えた総合対策医療事業で糊塗した。福岡高裁での和解協議が進む中、一九九五年一二月、政府解決策が出され、翌一九九六年五月、原告団は苦渋の選択でそれを受け入れ、裁判を取り下げた。解決策の救済対象基準は医師団の診断基準であり、原告患者の五倍以上の一万二三七一人を救済対象とした。

その後、二〇〇四年の水俣病関西訴訟の最高裁判決があり、七万人が何らかの救済を得るまでになったが、国の診断基準を変えさせることは、まだ出来ていない。そして、ノーモア・ミナマタ第一、第二次訴訟、互助会訴訟と闘いは続いている。

「正義が勝つのではなく、力を持った正義が勝つのだ」という優弁護士の言葉をかみしめて、全ての被害者の救済を実現したい。

（水俣病訴訟支援・公害をなくする県民会議医師団団長）

優弁護士とともにたたかった水俣病

中山　裕二

修習生、板井八重子先生の夫

優弁護士との出会いは、一九七七年。私が水俣診療所（現・水俣協立病院）に就職した時だと思う。当時、「板井先生」といえば水俣診療所の内科医で、お連れ合いの板井八重子先生のことだった。

優弁護士は、前年に第三一期司法試験に合格し、四月からの修習生生活が始まるころだった。熊本にいることも少なかったし、当時はあまり話をしなかった。その面妖からも、できれば顔を合わせたくない、近寄りがたい人、というのが率直な印象だった。

優弁護士が弁護士登録をした一九七九年、私も水俣病被害者（被害者の会）の専従となり、それ以来二〇二〇年二月一一日までの四一年間、長い付き合いとなった。

容赦ない批判

被害者の会の専従一年目の文字通り駆け出しの頃、水俣病裁判の現状分析や方針を検討する水俣病訴訟弁護団会議での優弁護士の批判は鋭いものだった。当時、他の弁護士から聞いていたのは弁護士の世界では、先輩弁護士を批判するのはタブーなのだそうだが、優弁護士は容赦なかった。この批判が、熊本の弁護士集団をたたかう集団に変えていったと思う。一九八七年に弁護団事務局長になったが、私も同じ年に水俣病被害者の会事務局長になった。

東奔西走　広がる輪

水俣病のたたかいで、歴史上初めてチッソとともに国と熊本県を被告にしたのが、一九八〇年に熊本地裁に提訴した水俣病第三次訴訟だった。国と熊本県を相手にした国家賠償訴訟で勝利するには国民的な課題であることを目に見える形で明らかにすることだった。それは、東京地裁に水俣病裁判を提起するというウルトラCである。

現地からの働きかけで立川市で働いていた鹿児島県出水市出身の六名の方が原告となる決意をした。また、前後して東京でスモン薬害訴訟を取り組んでいた弁護士たちと話をして、豊田誠先生を中心とする約四〇名の弁護士集団が水俣病のたたかいに合流してくれ、出水市を中心に鹿児島県在住の患者については、東京地裁に提訴することにした。先行していた新潟も含めて水俣病被害者・弁護団全国連絡会議を結成(一九八四年八月)。

一九八六年一月には、東京あさひ法律事務所が、豊田誠、鈴木堯博両弁護士を中心に創設された。文字通り東京に拠点を得た。

優弁護士は奔走した。私も何回も同行したが、東京地評や傘下の労働組合、各区の労働組合協議会、単産、諸団体に足を運び、繰り返し話をした。夜な夜な酒を飲んだ。水俣のたたかいの熱い思いが伝わっていく様を目の当たりにした。

のちに京都、福岡も加わり、西日本規模ではあったが全国化が実現した。患者のたたかいのまわりに支援の輪も大きく広がり、一九九五年のいわゆる政治解決に大きな力を発揮したことは言うまでもない。

「水俣法律事務所」開く

ところで、水俣の現地で運動をすすめている身からすると、弁護団との関係は重要だった。訴訟の進行と運動は表裏一体だし、弁護団との意思疎通は不可欠だった。水俣病第三次訴訟が山場を迎える時期、弁護団会議だけでは足りないと感じていた。

水俣病第一次訴訟のころ、馬奈木昭雄法律事務所が水俣市浜町に開設され、訴訟遂行と勝利に大きな力を発揮したことを知っていた。弁護士に水俣の空気をいっしょに吸い、ともに悩んでもらうことができないかと考えた。

優弁護士が所長をつとめる「水俣法律事務所」は一九八六年三月、「東京あさひ法律事務所」に続いて開設された。水俣病第三次訴訟の結審・判決が見通せるようになった時に開設されたが、裁判に依拠しながら、どのように解決していくかが問われた、一番困難な時期でもあった。以来、一九九四年まで八年間にわたり水俣市桜井町に事務所があった。

優弁護士が事務所に居ることは少なかったが、毎月開かれる水俣病被害者の会世話人会には必ず参加してもらった。世話人に情勢の分析、裁判のポイント、たたかいの方向を示した。世話人が地域の原告に裁判の状況などを雄弁に語るようになっていったことには驚いた。水俣に弁護士が常駐してることは原告たちを限りなく励ますことになった。また、水俣病や事件にかかわらず、水俣市の保守層や商工団体などのみなさんと濃厚な付き合いをした。

この間、毎年夏の水俣現地調査、熊本地裁、福岡高裁での和解協議、水俣市での市民集会、アマゾン川流域の水銀汚染、マレーシアにおける日本企業の環境汚染調査などなど、などを幾つ付けても足りないくらい活動は多岐にわたった。

事務所事情

優弁護士は水俣市を拠点に活動をしたが一般事件も請け、自分の稼ぎで事務所を維持した。水俣市は小さな町で人間関係が濃密なので、うかつに依頼をうけると利益相反になる。特に議員さんからの依頼は受けないようにしていた。おかげで、水俣以外の地域の人から依頼を受け、熊本地裁本庁、八代支部、鹿児島地裁川内支部の事件の方が多かった。北に南に奔走、事件ファイルの受け渡しも往復の途中で水俣駅ホームで行なうことは日常だった。もちろん本人は下車しなかった。私も水俣駅ホームで列車を出迎えたことが多々あった。

参ったのは、優弁護士に苦労をかけているという話になるといつも「お前たちが水俣に事務所を開けと言った」といわれたことである。事務所を閉じた後もしばらくは言われ続けた。簡易裁判所しかない水俣市での収入は限りがあり、事務所を維持するために、ずいぶん持ち出しをしていたことは間違いないと思う。その「苦情」だったのではないかと思っている。

ノーモア・ミナマタ公害環境賞

もうひとつ、優弁護士の発想で欠かせないのが、一九九七年一一月二九日に設立された「ノーモア・ミナマタ公害環境賞」である。弁護団が解決時に得た報酬を拠出し「ノーモア・ミナマタ環境基金」を作った。本来ならば、弁護士が報酬として受け取って当然のお金だが、優弁護士は、たたかいの輪を広げていくために使うことを提起した。それまでの水俣病のたたかいでは、勝ち取ったお金はすべて当事者のもの、ということが続いていた。このことに異を唱えたかったのだと思う。たたかって得たお金を次のたたかいのために使うという板井弁護士の思想の現われである。

猪飼隆明大阪大学教授（当時）に審査委員長をお願いし、園田昭人弁護士が事務局長を努めた。毎年水俣病公式確認の日である五月一日の前日に、水俣市で授与式を行ない、ささやかではあるが、それぞ

ノーモア・ミナマタ公害環境賞歴代受賞団体

第１回 １９９８年	レイチェル・カーソン日本協会 （大阪市中央区）	熊本アジア・アフリカ・ラテンアメリカ連帯委員会 （熊本市御幸笛田町）	
第２回 １９９９年	気候ネットワーク （京都市中京区）	クマタカを守る会 （熊本県人吉市）	
第３回 ２０００年	自然保護指導員熊本連絡会 （熊本県下益城郡松橋町）		
第４回 ２００１年	中継塔問題を考える九州ネットワーク （熊本市御領）	護川小学校５年２組 （熊本県菊池郡大津町）	
第５回 ２００２年	麗水環境運動聯合 （韓国全羅南道麗水市）	泗水中学校１年生 （熊本県菊池郡泗水町）	熊本大学名誉教授 武内忠男（特別表彰） （熊本市）
第６回 ２００３年	高尾山の自然をまもる市民の会 （八王子市）	共同作業所　ほっとはうす （水俣市）	鹿児島・渚を愛する会 （鹿児島市）
第７回 ２００４年	「よみがえれ！有明訴訟」支援する全国の会 （佐賀市）	大気汚染測定運動東京連絡会 （新宿区）	

れ運動の発展に寄与できたと思う。一九九八年から二〇〇五年まで活動を続け、一七団体、一個人を顕彰した（受賞団体は別表）。

なお同様の取組みは水俣病京都弁護団が「みなまた京都賞」を、新潟水俣病被害者の会が「新潟水俣環境賞」を設立した。

いま、水俣病は

ノーモア・ミナマタ第二次訴訟が、熊本地裁で、提訴から八年をへて二〇二三年三月の証拠調べ終了をめざして進行している。原告数は、熊本、大阪、東京各地裁と新潟地裁を含めて一七三八名である。

一九六九年提訴の水俣病第一次訴訟以来、水俣病被害者は、自らたたかうことで救済範囲を拡げ、救済者を増やしてきた。健康調査すらすることなく被害者救済に一貫して消極的な国を相手に、たたかい続けてきた。その結果、行政認定、政治解決、水俣病特措法で何らかの補償をかちとった被害者は、七万人近くとなった。国が水俣病患者としている二八三三人の認定患者の二〇倍以上にあたる。しかし、原田正純先生は生前、被害者は一〇万人をくだらないと言っておられたので、まだ全容は明らかになっていないと言える。

ノーモア・ミナマタ第二次訴訟の役割

これらの状況を解決していく役割を担うことになったのがノーモア・ミナマタ第二次訴訟である。国は、水俣病特措法で「あたう限り」の救済を掲げた手前、この施策をもって水俣病問題は解決済みという立場である。特措法は非該当となっても異議申立ての制度すらなく、受付期間が二年半しかなかったので知らなかったとする被害者も多数存在した。これらの被害者が原告となり、これに真っ向から立ち向かっている。早ければ来年中には熊本地裁判決が下される予定である。国の立場は、原告の中に一人たりとも水俣病とされるものはいない、ということになる。勝訴原告が存在すれば、少なくとも水俣病特措法までさかのぼって、水俣病対策の見直しをしなければならない。

持続可能な社会をめざし

今度こそ、本当に「あたう限り」の被害者救済を実現しなければならない。同時にチッソ㈱（ＪＮＣ㈱）の再建計画は二〇二四年度を最終年にしているが、世界的に厳しい経済情勢のもと予断を許さない状況が続いている。チッソ㈱の発祥の地で今後も責任を果たしていくかどうかが問われることはもとより、人口減少が急速にすすむ水俣市とその周辺地域にあって、この地域をどうするかに直結している。

この地域をどうよみがえらせるか、その前提として被害者救済を終わらせるか。ノーモア・ミナマタ第二次訴訟の今後の審理過程や判決が、その協議の場を提供することになる。チッソ㈱や国、熊本県が、どのように向き合うかが問われている。

優弁護士が亡くなって二年余り。水俣病の課題は誠に重い。優弁護士ならどのように現状を分析し、事態を切り拓くのか、知恵を借りたいとつくづく思う。

川辺川利水訴訟の闘い ～生業をかけた二〇〇〇人の持久戦～

中島　熙八郎

川辺川現地調査で裁判原告らに基調講演をする板井優（1998 年）

一九八五年に公告された国営川辺川総合土地改良事業計画は、川辺川ダム建設に村を挙げて反対に立ち上がった五木村を孤立させる、「下流地域を水害から守り、農地を潤すためにはダムが必要」との下流地域の農民をはじめとした世論形成の重要な役割を果たすものだったといえるでしょう。

建設省（当時）・大手ゼネコンが先導し、農水省、地元建設業者、地元自治体・団体幹部や地域の有力者などを動員して進められた農民・住民多数者を「ダム建設推進」側に組織し、権力側による「千人の一歩」の様を目指す仕掛けの一つであったともいえます。そのためもあって、ダムは当初の目的にかんがい用水供給を加えた多目的ダムへと変更されました。

それまで波風が立つことのなかった国営川辺川総合土地改良事

業計画ですが、一九九四年、事業対象面積を三五九〇haから三〇一〇haに縮小するなどの変更計画が発表されるに至って、疑義を唱える農民が登場します。

若干の経過はありましたが、結果的には彼らが板井優弁護士に相談を持ちかけ、水俣の闘いに超多忙な日々を送る中、引き受けることになったのです。当然のこと、それ以前から川辺川ダム建設に反対する市民・住民からの相談も少なからずあったのですが、農民の闘いを選択したことになります。

この闘い（以下、「利水訴訟の闘い」とします）のはじめに、優弁護士は地域での力関係と情報の絶対的不足を踏まえ、立ち上がった農民に対し「反対ではなく、分からないから同意できない」という立場の堅持、「川辺川ダム反対は言わない」の二点を基本スタンスとすることを徹底しました。ちなみに、彼は、二〇〇一年一二月から二〇〇三年二月までの九回にわたる、川辺川ダム計画に関する「住民討論集会」には一切関与することはありませんでした。その一方では二〇〇一年三月から始まったいわゆる「尺アユ裁判」、二〇〇二年二月からの熊本県収用委員会などでは闘いの中心を担い、これらにおいても「八面六臂」の活動をしています。

ここから見えてくるのは、当事者が生業、利害をかけている闘いに力を集中するという考え方です。当事者が立ち上がらなければ支援の輪を広げることは出来ないのです。その輪は、東京行動、川辺川現地調査、書籍出版などを通して地元、熊本県、九州、そして全国へと広がっていったのです。

さて、利水訴訟の闘いは、一九九五年、一一四四人の異議申立てに始まります。その冒頭、優弁護士は、九州農政局が農民を侮り、法律もまともに理解していない体たらくを原告農民の目の前に暴露して見せます。

異議申立てが棄却されたことで、翌年には八六六人の農民が利水訴訟（正式には「国営川辺川土地改良事業変更計画に対する異議申立て棄却決定取り消し請求事件」）に立ち上がります。相良村の梅山究氏を原告団長に、補助参加者を含めますと、その数は二〇〇〇人を超える規模となったのです。

熊本地裁では二〇〇〇年九月、農民側敗訴となりましたが、直ちに七六〇人が控訴し、舞台は福岡高裁に移り、二〇〇三年五月の判決では農民側が逆転勝訴、同月三〇日に判決確定を勝ち取ります。異議申立てから八年にわたる二〇〇〇人の長い闘いが「一段落」したのです。

利水訴訟の闘いでは、熊本地裁の段階から「計画に対する三条資格（土地改良法）を有する農民の三分の二以上の同意があったかなかったか」を巡る論戦・闘いでした。熊本地裁段階では「本人の同意確認」が二〇〇〇人程度にとどまっていたため農民敗訴の「口実」を与えてしまったともいえます。その轍を繰り返さないため控訴審に臨んでは「アタック二〇〇一」と銘打った、残り二〇〇〇人の三条資格者に総当たりし、「同意の有無の確認」という前代未聞の闘いを展開したのでした。この取組みを可能にしたのは、当該地域の原告農民、訴訟に携わる弁護団は無論、支援する漁業権を守ろうとする漁民、地元・県内の川辺川清流を守り、ダム計画に反対する住民・市民の力が結集できたからです。

しかし、闘いは裁判での勝訴をもって終わったのではありません。農民勝訴確定直後から、農水省は新たな計画を立ち上げ、あくまでも国営土地改良事業を押し進めようとしたのです。熊本県も、国の一方的な事業の進め方に批判的でしたが、他方では国の利水事業を県営畑地帯総合整備事業に利用したいとの思惑も持っていました。

このような極めて微妙な力関係の中「新利水計画」を、利水訴訟原告団・弁護団、国（農水省、オブザーバーとして国交省も）、推進派農民団体、地元自治体、県など関係者による協議と合意の下に作成するための「事前協議」が二〇〇三年六月から開始されます。

それから二〇〇六年七月までの三年間に七八回の協議、三回の関係農家への意向調査、六回の当該地域各所での集落座談会、農家同士の話合いが行なわれました。

事前協議は夕刻から始まり、長いときには深夜に及ぶことも多々ありました。地域での座談会など農民を交えた話し合いも、各回四〇～五〇の箇所で実施されました。これらすべてに弁護士が臨席し、支援する市民・住民団体メンバーがオブザーバーとして参加しました。農民意向調査については、県職員が配布・説明・回収に当たることとしましたが、これらすべての行動に原告・弁護団側の支援者が同行しています。後になって、事前協議を仕切った県側の責任者の話として漏れ聞いたのですが、上記のような「殺人的」な日程を組んだのは弁護団を振り落すことも企図されていたとのことです。

これら一連の過程で原告側に変化が現れています。それは禁句とされた「川辺川ダム反対」を実質的に意味する「ダムの水はいらん」という表現を使いだしたことです。力強く支援を続ける漁民、住民・県民の「川辺川ダム反対」行動への連帯を意識したものと思います。

記入済みの農家意向調査票は原告側研究者として私にも限定して提供され、三〇〇〇超の調査票を独自に集計し、事前協議に臨みました。また、毎回の地域での集落座談会など、農民を交えた話し合いの場で説明する原告団側の資料作成にも携わりました。これらの一連の作業は、大学教員として働きながらの仕事であり、夜を徹してのものでしたが、幸い研究室の大学院生が積極的に協力してくれたおかげで成し得たのでした。

上記の一連の闘いは、国・県など行政側の強引な事業の押し付けを許さず、原告団をはじめとする受益農民本位の（後に「身の丈に合った利水」と称するようになります）事業を実現することを目指すものでした。併せて、「利水訴訟を闘った農民を、当該地域において、将来とも守る」という優弁護士の配慮があったのです。

ちなみに、行政側の一方的な事前協議の解体後も、「弁護団会議」として、月に二〜三回のペースで、原告農民、弁護団（後に優弁護士一人となりましたが）、支援団体関係者、そして研究者として私などが参加する会議を継続しました。この会議は、優弁護士が病に伏されたため、二〇一八年三月二三日が最後となりましたが、実に一二年間続けられ、農水省の計画変更（利水事業は廃止）を勝ち取り、農水省側に立つ「川辺川総合土地改良組合」（事業に関係する一市三町二村で構成する行政組織）を解散させ、引続いて「身の丈に合った利水」を求める闘いの「作戦本部」的役割を果たし続けたのです。

このような壮大な闘いを創り出し持続させ得たのは、「力のある正義」、「一人の千歩より千人の一歩」という身上を実践するため、優弁護士が自ら、「千歩も、万歩・数万歩」も走り続け、森徳和弁護士、北岡秀郎、林田直樹両氏がそれを支え続けたからにほかなりません。

残念ながら、優弁護士は二〇二〇年二月、志半ばで亡くなられましたが、原告農民が求め続けてきた「身の丈に合った利水」は、くしくも二〇二〇年の7・4球磨川豪雨災害の復旧事業の中で、全面的ではありませんが実現に向け動き出そうとしています。通常、農地・農業施設（六角水路、柳瀬西溝などの農業用水路など）復旧事業の国の補助率は九五～九七％とされますが、利水訴訟の闘いの中心となった相良村については九九・七％に引き上げられ、残る〇・三％についても村が負担する方向で進んでいるのです。

一九九五年に開始された二〇〇〇人の利水訴訟の闘いは、部分的ではありますが実を結ぼうとしています。六角水路、柳瀬西溝掛かりの土地改良区のメンバーが原告団の中核となっており、上記事前協議の段階から梅山氏に代わって団長をつとめ、村議会議員でもあった茂吉隆典氏の強い要請が、このような結果をもたらしたのです。

利水訴訟勝訴をホップ、川辺川ダム建設中止をステップ、ダム無しの河川整備計画策定と予算化をジャンプとする闘いは、二〇〇八年の徳田相良村長、田中人吉市長、蒲島熊本県知事の反対・白紙撤回表明、二〇〇九年の前原国交大臣の中止明言で「勝利」へ大きく前進したかに見えました。

しかし、「ダムによらない治水の検討」は一一年余り続けられましたが、国交省の隠されたダム事業継続の絡繰（カラク）りと意図的サボタージュ、県・地元関係市町村の無為によって、ダムによらない河川整備計画策定は具体化することなく推移し、二〇二〇年七月四日の甚大な豪雨災害を引き起こすに至りました。

国交省は熊本県・地元自治体をコントロールし、この惨事に便乗し、「流域治水」などと称して早々と流水型の川辺川ダム建設を持ち出し、その実現に邁進しようとしています。

このような状況の中、思い出されるのは、病気療養中の最晩年に述べられた「川辺川の闘いは持久戦だよ」という優弁護士の言葉です。一九八〇年代後半から始まったこの闘いの集団は、長い年月の経過とともに、或いは没し、或いは高齢化し、或いは離れ、残念ながら「弱体化」を否定することはできません。しかし、確実にその力は存在し続けています。そして、その力に、全国の同様の要求や関係する課題で闘う仲間の力を加え、新たな一〇〇〇人、二〇〇〇人による次の持久戦への一歩を踏み出そうとしています。

川辺川ダムをめぐる闘い

森 徳和

一　川辺川ダム事業の概要

川辺川ダム計画は、一九六六（昭和四一）年、建設省が、治水専用ダム計画を立てたことに始まり、二年後、かんがい及び発電が計画に加えられ、多目的ダムになった。一九七六（昭和五一）年、建設省は、「川辺川ダムに関する基本計画」を告示した。川辺川ダムは、九州最大級のアーチ式ダムで、熊本県相良村に高さ一〇七m、幅三〇〇mのえん堤が建設される計画であった。

一九八三（昭和五八）年、流域市町村の受益農家から土地改良事業の施行申請が行なわれ、一九八四（昭和五九）年、国営川辺川総合土地改良事業計画（「当初計画」）が確定した。当初計画は、人吉球磨地方（一市二町四村）にまたがる約三五九〇haの農地について、川辺川ダムから送水して畑地かんがい（用排水事業）を行なうとともに、農地造成や区画整理を予定していた。一九九四（平成六）年、受益面積を三〇一〇haに縮小し、国営事業

森 徳和

として実施可能な規模を維持する事業計画の変更(「変更計画」)が公告された。

二 川辺川利水訴訟の提訴と訴訟戦略

川辺川ダム事業に関しては、建設省による公共事業評価の一環として、一九九五(平成七)年に川辺川ダム事業審議委員会(ダム審)が設置され、一九九六(平成八)年に「継続して実施」することが妥当という答申がなされた。これを受けて、地元住民の一部には、熊本中央法律事務所の板井優弁護士(以下敬称を略して「板井」という)にダム建設差止めの仮処分の申請を求める動きもあった。しかし、板井は、仮処分申請を行なっても勝つ見通しはないと判断し、応じなかった。他方、土地改良法は、土地改良事業の申請または変更にあたって、受益農家(三条資格者)の三分の二以上の同意を要件としていた。板井は、同意要件が裁判の武器となると判断していた。

川辺川利水訴訟は、変更計画に対する異議申立てを退けた農林水産大臣(以下「農水大臣」という)を相手取って起こされた行政訴訟である。一九九六(平成八)年、人吉球磨地方の農家八六六名が提訴し(平成八年(行ウ)第九号)、後に補助参加人が加わり、原告・補助参加人の合計は約二一〇〇名に及んだ。原告(梅山究団長)は、「ダムの水はいらん」を合言葉に、その後、八年間に及ぶ裁判闘争を開始した。

当時、地元では「水代はタダ」という説明が広く流布されていた。土地改良事業には、国営、県営及び団体（土地改良組合）営の別があったが、国営の受益者負担がないことを誇大に宣伝し、受益者負担は全くないが如き説明で同意が獲得されていた。また、土地改良事業に対する反対、賛成で受益農家が分断され、地域の対立が深刻になる可能性もあった。そこで、板井は、土地改良事業に関する正しい情報が与えられなければ「賛成出来ない」という立場を取り、幅広く受益農家の説得を試みた。

板井は、受益農家の過半数が、土地改良事業に賛成していないことを県民に示すことが不可欠と考え、多くの原告・補助参加人を裁判に参加させる基本戦略を描いた。行政訴訟には九〇日間の出訴期間が定められていたため、提訴後は補助参加人を募る運動を継続して、約四〇〇〇名の受益農家の過半数にあたる約二一〇〇名の参加を実現した。集団訴訟は、「力のある正義こそが勝つ」という板井の信念を実現する足がかりとなった。

受益農家の組織化と、同意署名簿の調査活動を通じて、既に死亡した者の署名が含まれていることも明らかになった。板井は、マスコミを通じて「死者の署名」と宣伝を繰り広げ、土地改良事業の杜撰さを白日のもとに晒した。

二〇〇〇（平成一二）年九月、熊本地方裁判所（杉山正士裁判長）は、土地改良法が定める三分の二以上の同意は得られているとして、原告の請求を退ける判決を下した。

三　第一審の敗因と控訴審の訴訟戦略

当時の民事訴訟法では、文書の成立が認められた書証に基づいて事実認定を行なうという原則があった。板井は、農水大臣が合意を裏付ける証拠として提出した同意署名簿のうち、調査可能な原告・補助参加人約二〇〇〇名分についてのみ文書成立の認否を行ない、残り約二〇〇〇名については認否留保としていた。そのため、板井は、裁判所が認否留保の同意署名簿を根拠として同意の有無を判断することはないと考えていた。ところが、裁判所は、認否留保分も同意数に組み入れたことから、板井の予測は大きく外れた。敗訴判決を受け、板井は、動揺を隠し切れなかった。

原告は、直ちに控訴し、裁判の舞台は福岡高等裁判所（以下「福岡高裁」という）に移った（平成一二年（行コ）第二七号）。控訴後、福岡高裁（井垣敏生裁判長）は、第一回口頭弁論において、裁判の争点を分かり易く説明するよう求めた。これを受けて、弁護団は、「二一世紀ビジュアル弁論」を企画し、裁判支援者の協力も得て、法廷内に巨大スクリーンを持ち込み、映像による主張内容のガイダンスを実現した。

また、福岡高裁は、第一審で認否留保としていた同意署名簿にも踏み込み、原告に対し、半年の猶予期間内に残り約二〇〇〇名の同意署名簿の調査を実施したうえで、認否を行なうよう指示した。原告団・弁護団は、「アタック二〇〇一」と題する同意署名簿の調査活動に着手し、半年間で約二〇〇〇名の調査を完了した。

板井は、「アタック二〇〇一」の成否が控訴審の勝敗の決め手になると考え、原告団・弁護団のほか、対象地域の住民、裁判の支援者などに広く呼び掛けを行ない、多くの賛同者を動員することに成功した。受益農家の過半数を組織した段階では、対象地域の世論を変えるには至っていなかったが、受益農家を一軒一軒訪問するローラー作戦が功を奏し、「アタック二〇〇一」完了時には、対象地域の世論にも変化が見られるようになった。

控訴審の最終段階で、農水大臣は、初めて同意署名簿の原本を裁判所に提出した。その結果、同意署名簿には数多くの訂正（変造）が施されていることが判明した。それまで農水大臣は、同意署名簿を提出した段階で、三分の二の同意の立証責任は尽くされるという立場を取っていたが、裁判所は、同意署名簿＋αがなければ、同意があったことの証明にはならないとの見解を示し、農水大臣は土俵際まで追い込まれた。

二〇〇三（平成一五）年五月、福岡高裁（小林克巳裁判長）は、土地改良法が定める三分の二以上の同意がないとした原告の主張を認め、農水大臣の変更計画を取り消す逆転勝訴判決を下した。亀井善之農水大臣は、上告を断念し勝訴判決が確定した。

四　新利水計画の策定という社会実験

二〇〇三（平成一五）年六月、熊本県（鎌倉孝幸理事）が、川辺川総合土地改良事業組合、川辺川地区開発青年同士会、農林水産省九州農政局及び熊本県農政部に加えて、原告団・弁護団にも呼びかけ、川辺川土地改良事業に伴う事前協議を開催した。事前協議は、裁判で対立した当事者が同じテーブルに付き、新利水計画を策定するという新しい試みであった。板井は、「農家が主人公」という合言葉を掲げ、積極的に社会実験に参加した。事前協議は三年以上にわたり続けられたが、二〇〇六（平成一八）年七月、熊本県が、ダム水没予定地に存在するチッソ発電所の用水路から取水する新たな利水計画案（以下「農水新案」という）を推進しようとして事前協議を打ち切った。その結果、紛争当事者の話し合いにより解決を目指す社会実験は頓挫することになった。

原告団・弁護団は、農水新案は、事実上のダム案として反対運動を継続し、利水事業の最大受益地である相良村（矢上雅義村長）も、同年七月、農水新案は負担が大きく村財政が破綻するとして、正式に事業不参加を表明した。

その結果、二〇〇八（平成二〇）年度の政府予算案に川辺川利水事業の事業費は計上されず休止が決定し、人吉市に置かれていた九州農政局の利水事業所は閉鎖された。

五　漁民の闘いと収用申請の取下げ

建設省は、二〇〇〇（平成一二）年九月、川辺川ダム建設の事業認定申請を行ない、同年一二月、建設大臣が事業認定を行なった。当時、川辺川利水訴訟では原告敗訴の判決が下されており、建設省は、力に任せて中央突破を試みた。しかし、球磨川漁協は、二〇〇一（平成一三）年、総代会及び臨時総会において、相次いで漁業補償案を否決した。

また、同年三月、球磨川の漁民は、建設大臣の事業認定取消しを求める裁判を提起した（平成一三年（行ウ）第四号／尺アユ裁判）。板井は、かつての川辺川ダムの闘いが水没予定地の五木村だけの闘いに終始して、県民運動に至らなかったことを指摘していた。そこで、板井は、川辺川ダムの闘いを上流（五木村）から下流（八代市）まで広げ、流域全体の運動にすることを目指した。そのため、農民の闘いに加え、新たに漁民の闘いを組織して闘いの輪を広げる戦略を採った。

尺アユ裁判では、当初、球磨川の漁民の当事者適格が争点となったが、川辺川利水訴訟で農水大臣の敗訴判決が確定すると、多目的ダムの柱の一つであるかんがい事業が欠落したことが新たな争点として浮上した。

その間、国交大臣は、二〇〇一（平成一三）年一二月、熊本県収用委員会に対して、漁業権の収用申請を行なった。球磨川の漁民は、収用手続に参加して闘いを続けたが、川辺川利水訴訟の福岡高裁判決が転機となり、新利水計画が確定するまで審理は中断した。

しかし、新利水計画の策定作業は遅々として進まず、収用委員会は、国交省に対して申請取下げを勧告し、二〇〇五（平成一七）年九月、国交省は、収用申請を取下げた。

国交省は、二〇〇八（平成二〇）年六月、電源開発（Jパワー）がダム事業から撤退することを公表し、かんがいに加え発電もダム建設の目的から除外されることが決定した。

六　川辺川ダム建設計画の白紙撤回

二〇〇八（平成二〇）年三月に当選した蒲島郁夫知事は、就任後、有識者会議を設置し、その結論を受けて川辺川ダム建設の是非を判断すると表明した。同年八月から九月にかけて、流域の相良村（徳田正臣村長）及び人吉市（田中信孝市長）が相次いで川辺川ダム建設計画に反対の意思を表明した。これを受けて、蒲島知事も、正式に現行計画を白紙撤回し、ダムによらない治水対策を追求する方針を表明した。

民主党政権の発足後の二〇〇九（平成二一）年九月、前原誠司国交大臣は、川辺川ダム事業の中止を公言して、計画から四三年目にして大型公共事業の中止が実現した。

七　ダム計画中止後の動向

二〇一二（平成二四）年三月、民主党政権は、ダム事業の廃止などに伴う特定地域の振興に関する特別措置法（ダム特措法）案を閣議決定した。しかし、ダム特措法は国会で廃案となり、公共事業中止の道筋を明らかにする法案が日の目を見ることはなかった。

球磨川の治水対策については、国、熊本県及び流域自治体で構成されるダムによらない治水対策を検討する場が設けられ、川辺川ダムに替わる治水対策が議論されたが、成案を得るには至らなかった。

他方、農水省が利水事業を休止したことを受け、二〇一二（平成二四）年一月、対象地域で構成する六市町村会議は、事業再開を断念した。そこで、九州農政局は、かんがい事業の廃止を柱とする新たな変更計画を策定し、受益農家の三分の二以上の同意を得て、二〇一八（平成三〇）年二月に変更計画は確定した。福岡高裁の逆転勝訴判決から一五年を経て、国営川辺川総合土地改良事業は廃止された。

二〇二〇（令和二）年七月、熊本県南部で大規模な線状降水帯が発生し、死者六五名、行方不明者二名にのぼる熊本豪雨が発生した。これを受けて、蒲島知事は、同年一一月、環境に配慮した流水型ダムの建設を国交省に求める考え方を表明し、「ダムによらない治水」から大きく方針転換を図った。

八　最後に

受益農家の粘り強い闘いを経て土地改良事業は廃止され、身の丈に合った農業を続ける環境が整った。他方、球磨川の治水対策は、ダム事業中止の政治決断がいとも簡単に覆され、流水型ダムの建設に向けて走り出している。

板井は、一人の力で国家権力に立ち向かうことは出来ないが、一人一人が力を合わせて闘い続ければ、国家権力に勝つ闘いが出来ることを身をもって示した。

板井が、現在の状況を目にしたら何と言うだろうか。「諦めたら闘いは終わる。勝つために工夫をこらし、皆と力を合わせて闘え」。板井の言葉が聞こえるような気がする。

（弁護士）

熊本法律事務所（松野信夫所長）開所式。右端が森徳和弁護士。後列中央は魚住副知事。

弁護士・板井優さんの事

中島　康

九州脊梁山地の原生林の保護運動に携わっていた私どもは、かねがね五家荘など山という山を丸裸にするように大伐採しながら、その下流の川辺川に治水目的で巨大ダムを造ろうとしていることに腹立ちを覚えていました。ちょうどそのころ開催した、山と水との関係の映写会で、もうすでに、川辺川ダム建設に反対運動をされていた、国徳さん、西田さんに出会った事がきっかけで、一九九六年に「子守歌の里、五木を育む清流川辺川を守る県民の会」が国徳さんを代表に発足しました。そのころの川辺川ダム反対運動は利水裁判の控訴審のための、川辺川利水計画への賛成署名の確認作業が行なわれている真最中でした。我々は原告農家の人と共に夕食後あたりを狙って賛成署名をした農家を訪問し、署名の真偽を確かめて回りました。回るといっても一組一晩で回れるのは、二軒か三軒、この行動に「アタック二〇〇一」と銘打って二〇〇〇軒余りを回ったのですから大変なことでした。この行動に号令をかけたのが板井弁護士だったのです。板井さんはこの調査のため、署名簿を裁判所と交渉して取り寄せたことが、この運動の原動力になったのですから、やはり只者ではなかったのですね。

この「アタック二〇〇一」の結果が、福岡高裁での劇的な逆転勝訴となり、ひいては蒲島熊本県知事の川辺川ダム建設計画の白紙撤回に繋がって行ったのですが、この間、板井さんをはじめ多くの弁護団の間には、少しの不安の影も、私は見ることは有りませんでした。それが司法界にいる者としては当たり前のことなのか、板井さん達が特別なのかはわかりません。

私にとって強烈な印象としての記憶は、福岡高裁の公判に対して傍聴の人たちを、人吉から最低でも大型バス二台、熊本から一台出すように板井さんから指示が出ると、当時、利水原告団事務所の林田さんはじめ原告団のみんなが大騒ぎして指示以上のことを果たすのです。これを公判中ずっと続けた原告団の人たちも尋常ではなかっただけではなく、板井さんはじめ弁護団の人たちも大騒ぎの中に加わって居たのでしょう、結構な数の県労連などのメンバーの顔も有りましたから。

この利水裁判の控訴審のころから、私は弁護団会議に参加するようになりました。会議は週一回、少なくとも月二回位のペースで行なわれていたと思います。この会議には、弁護士では板井さんをはじめ、松野さん、森さん以下何時も五名前後が出席されており、これに人吉からの利水原告団の方々や私のようなそれ以外の人を加え、いつも一〇人から一五、六人の人がいたと思います。会議は、板井さんの状況説明と分析、今後の見通しの話があり、これに森弁護士の具体例を交えての解説。私は、はじめ板井さんが何を言っているのかサッパリ分からず、ただ聞いているだけで、森弁護士の話を聞いてやっとなんか分りかけたような気がするのが精一杯でした。自分の頭の悪さをあらためて見せつけられた思いでした。が、ある時、板井さんの話し中、弁護士の一人が質問した内容を聞いて「あれ、俺と同じところが分からん人の中に弁護士も居るのだ」と分かって気がすごく楽になり、少しずつ板井さんの話も自分なりに解釈出来る様に成ったことで、板井さんとの会話も少しずつ増えたていったようです。

福岡高裁での利水裁判敗訴後の国は上告を取りやめた結果、改めて川辺川新利水計画を作るため、原告農民、県、農水省、その他関係団体などを交えて、熊本県庁で開かれた事前協議は非常に難しく大変な会議であったと聞いていますが、参加していない私はコメントすることはできません。当時、私たちダム反対の立場の市民にとって最も関心の高かったのは、なんといっても住民討論集会でした。この集会のために払った住民側の苦労は大変なものでしたが、また学んだことも多く、貴重な体験でした。そんな中、当時の潮谷熊本県知事の私的事務所に、板井さんに付いていった事が、何回か有りました。板井さんは潮谷さんと結構親しげに話しており、また、潮谷さんはいろいろ相談をしている風でした。それだけでは無く、川辺川ダムのために開かれた収用委員会の時も収用委員長とも、委員会外で意見交換をしていました。私は初めて住民運動で勝つためには多様な作戦と、そのための腹芸もあるのだと知りました。我々住民側でそれが出来たのは、板井さんだけだったと思います。

いつもの弁護士団会議に頻繁に出席する様になるにしたがって親しさが増し、その分会議のあと飲みに行くことも多くなったと思います。多くなった分、私と土森さんへの毒舌も拡大してゆき、「運動やる気があるのか」くらいはまだ序の口で、果ては「お前の運動はファッションか」と、ここまでくると自分の至らなさが分かっているだけに、逆に怒りが倍加し、テーブルを叩いて席を立ったことは一、二度の事ではありませんでした。そんな中、生い立ちのこと、水俣病裁判の事などを聞いた中で最も心に残っている言葉が「正義は最後には勝つと言う、そう信じている者もいるが、力のない正義は勝てない。力のない正義は正義とは言えない」。確かにそのとおりなのです。ダム反対が正義と思ってどんなに必死で叫んでも、それを支持してくれる世論がなければ如何にもならないことは、川辺川ダム反対の運動で嫌というほど知らされて来た事です。この言葉は、板井さんにとっても、沖縄で育った時期、沖縄が抱えさせられて来た多くの理不尽に対し、彼は必死で抵抗し、不正を正すことが正義であったはずです。だが、彼の沖縄での戦いは負け続けて来ました。しかし、彼は絶対に負けを認めなかったはずですが、正義を追求する力とは何かと考え、力のない正義は正義には成り得ないと考えたのではないかと思うのです。

板井さんの言葉として「一人の千歩より千人の一歩」が有名です。絶対にそのとおりです、が私の私見です。このままだとなんか恰好良すぎる気がするのです。酒も含めていろいろの板井さんとの付き合いで感じることは、もっとギラギラするというか、押し付け力というか、何かそんなものを感じるのです。なんかこの言葉の後に一言続きそうな気がします、例えば「さらに千人の９９９歩」とか。

板井優という人は、私などの範疇を超えたような非常識人でありながら、極めて親しみの持てる常識人でありました。

板井優さんは沖縄で生まれ、沖縄でしか生まれなかった人ではなかったかと思います。

自治会事務所屋上のシーサー

志村　康

出会

ハンセン病のシンポで発言する筆者

私が板井先生を知ったのは、一九九八年七月三一日に提訴の、らい予防法違憲国賠訴訟からです。

翌一九九九年二月一九日、熊本地裁の第二回の口頭弁論がありましたが、その時の印象が一番強く印象に残っています。

その時の先生は、次のように締めくくられました。

「この裁判を一日も早く解決のためのものにしていただきたいのです。原告は高齢化している。私たち九州・沖縄一三七人で構成される弁護団は、まさに石にかじりついても三年で解決するという固い固い決意を固めています。裁判所におかれても三名の裁判官三名だけの体制ではなく、五名体制で迅速かつ充実した審理をすすめていただきたい」ということをおっしゃいました。

その時、私は「石の上にも三年」ということは知っていましたが、「石にかじりついても三年」で解決しようではないかということを言われたのが、大変心に残っています。

そして、先生がおっしゃった通りに裁判所が異例ともいえる、各療養所をまわったり、夜八時ぐらいまで裁判をやる、そういう対応をしてくれました。裁判は早期解決につながったのだけれど、それはひとえに第二回口頭弁論での先生の一発が効いていたんだと思います。

正義とは

一九九九年の年賀状に、「正義は我にある。必ず勝つ」ということを書きました。その後の裁判で会った時、先生は「志村さん、正義では勝たんよ」と、そう一言おっしゃった。これを聞いて私は悩みました。私はヘーゲルをかじっていたので、正義をもって勝たなければ、なんで勝つんだと、二年半ぐらい考えていました。

ある時、本を読んでいたらパスカルの語録の中に、「力のない正義は無力である」というのが出てきて、先生はこれを言っていたんだということがわかりました。こういうことだったのか、と。二年半、悩まされました。

顧問

先生には恵楓園入所者会の顧問弁護士をお願いしていました。入所者はだんだん年をとってきます。そして、認知症も出てきます。そういう中で、園の職員が入所者からお金を借りたりというようなうわさがありました。そこで、先生に「なんもせんでいいので、自治会の屋根瓦の上にシーサーとして座っといてください」ということでお願いしていました。自治会では、少ない金額ですが顧問料を欠かさず支払ってきました。

中山事務長（熊本中央法律事務所、当時）との雑談の中で、「うちの親方に、たまにはお金になる仕事もしてくれるように言ってください」と冗談気味におっしゃったんです。私がハンセン病の裁判が終わって、何かの裁判の傍聴の応援に行ったときに、この話をしました。そしたらマスコミも大勢いる中で、先生は大笑い「ワッハッハー」。あれが呵々大笑というんだろうと思いました。そのあと、「金は天下の回りものだよ」と快活に言われて、私も話して良かったなと思いました。

ダム

二〇二〇年七月の人吉・球磨、芦北地方の水害で、川辺川問題というか、ダムの問題の亡霊が出ているということが伝わってきます。川辺川にダムを作ってもダムが決壊しそうなときは、全部放流します。中国の三峡ダムだって、決壊するかもしれないということで、水を抜いていました。あの水圧、水量は、それは凄まじいものです。下流域はたまったもんではないと思っていましたら、案の定、黄河流域は、ずいぶん水害にあいました。そういうことを考えると改めて、先生が取り組まれた川辺川訴訟というものを再評価したいし、絶対にダムを造らせないということを先生にお誓いしたいと思います。

私は米寿を迎えました。八八歳。先生は古希で旅立ってしまわれた。先生は早すぎます。どうか天国から私たちを見守っていただき、たたかい続ける私たちにエールを送っていただきますようにお願いをいたします。

先生、川辺川ダムは絶対造らせません。どうか私たちに勇気とエールを送り続けてください。先生、ありがとうございました。

法廷をたたかいの場に～ハンセン病～

徳田　靖之

隔離の現場での提訴

私たち九州在住の弁護士にとって、板井優弁護士は、久留米の馬奈木昭雄先生とともに、憧れであり、目指すべき目標でもありました。そうした存在であり続けた先生の訃報に接して、文字通り言葉を失い、衝撃を受けました。

先生とは、薬害エイズ訴訟や電磁波訴訟でも行動を共にさせていただきましたが、本格的に肩を並べて取り組ませていただいたのは、何と言ってもハンセン病国賠訴訟でした。

ご承知の方も多いと思いますが、この裁判は、九州弁護士連合会に寄せられた一通の手紙がきっかけでした。国立ハンセン病療養所星塚敬愛園に五〇年を超えて収容され続けていた故島比呂志さんが書かれた手紙には「らい予防法のような世界に例のない悪法をかくも長きにわたって存続させたことに、人権に最も深いかかわりを持つはずの弁護士会に責任はないのか」と書かれてありました。

この手紙に鞭打たれる形で立ち上がった私たちにとっての最初の難題は、提訴地をどこに定めるかという問題だったのです。

当初名乗りを上げた原告は一三人。その内、鹿児島県鹿屋市にある星塚敬愛園の入所者が九人、熊本の菊池恵楓園の入所者が四人という内訳でした。

このため、鹿児島地裁に提訴するのか、熊本地裁に提訴するのかを決めるのは困難を極めました。

一方で、両地裁に提訴という形をとるのは、それでなくても少人数の原告を分散することになり、避けなければなりませんでしたから、弁護団会議での議論は難航し、結局、苦肉の折衷案として、福岡地裁への提訴という方針を一旦は決めたのです。

そうしたところ、この日の弁護団会議に欠席されていた板井先生から痛烈な批判を受けるところとなりました。

様々な困難が予想される国とのたたかいにおいては、当事者とこれを支援する市民のたたかいを如何にして築いていくかということが、何よりも肝要であり、そのためには、隔離が行われた現場としての療養所の所在地に、たたかいの場を設定することが必要不可欠だというのが板井先生の批判でした。

水俣における厳しいたたかいの教訓を踏まえた先生の批判を受けて、私たちは、星塚の原告の了解を経て、熊本地裁への提訴へと方針を変更したのです。

判決から二〇年を迎える今から振り返りましても、このハンセンのたたかいは、水俣や川辺川のたたかいを経た熊本地裁で行なわれたからこそ、歴史的な勝訴を勝ちとることができたのだと確信します。

法廷をたたかいの場に

このハンセン病国賠訴訟における法廷では、私は常に事務局長を引き受けられた板井先生の隣に着席することになりましたので、貴重な経験をさせていただきました。

何よりも学んだのは、被告・国との対応のあり方でした。例にもれず、ハンセン病訴訟においても国は、不誠実な対応をとり、しばしば私たちに許し難い思いを抱かせるのですが、そうした時に、板井先生は、間髪入れずに厳しい声で国の代理人を鋭く批判するのです。その迫力には、魅せられました。法廷は、シーンと静まり返り、原告の皆さんに「そうだ、その通りだ」という思いが盛り上がり、国の代理人が俯くということが何度か重なりました。ややもすると形式的なやり取りに終始する法廷が活性化していく様を目の当たりにしても、私なりに学んだことは、法廷を原告・支援者と一体となってたたかう場とすることの大切さでした。集団訴訟の経験に乏しかった私にとって、法廷そのものがこうした原告と一体となってのたたかいの場であるとの認識を得たことが、その後の弁護士としての在り様を大きく変えていく機会になりました。

それにしても、このハンセン病訴訟の勝訴への道のりは、険しいものでした。

提訴にあたって、隔離政策の誤りを証言してくれる専門家の確保もできていなかったのです。

そうした私たちが、提訴後にやっと巡り合えたのが故・犀川一夫先生でした。

沖縄在住だった犀川先生から、会うとの手紙をもらったことを報告したところ、体調がよくないとお聞きしていた板井先生がどうしても行きたいと言われて同行することになったのです。板井先生とすれば、隔離政策の最中に隔離政策に疑問を抱いて長島愛生園の医官を退官し、台湾、沖縄での開放療法への道を切り拓いた犀川先生の証言こそが、原告勝訴にとって必要不可欠だとの思いがあったのだと思います。

無理をしてその沖縄行きの飛行機の中で体調が悪化して、急きょ熊本に引き返すことになり、その後の療養のために、一旦は戦列を離れられることになったのですが、この出来事こそは、板井先生が、困難なたたかいを原告勝訴に導くために、文字通り命がけで取り組んでおられるのだということを私たちに示されたものでした。

その先生が不死鳥の如く蘇って、歴史的な熊本判決に立ち会われ、そしてその判決から一〇年後の二〇一一年五月、沖縄愛楽園で開催されたハンセン病市民学会第七回交流集会の分科会「ハンセン病国賠訴訟の意義と今後の課題」に参加されたのです。

席上、先生は、「裁判所は実は、国会が作った法律を過去の事実にあてはめて判断するという最も保守的な世界です」と前置きしたうえで、「人権侵害の事実を〝これでもか、これでもか〟と裁判官にみてもらい、この事態が憲法に反するかどうかということを判断させる以外に勝つチャンスはありません」と述べ、提訴にあたっての判断の理由を「被害地により近い裁判所に、ハンセン病回復者に対する人権侵害の事実を知ってもらい判断してもらうことが必要にして不可欠だと考えた」と明らかにされました。

その分科会において、隣に坐りながら板井先生なくしてハンセン病訴訟の勝訴はなかったとしみじみ思ったことでした。

あの判決から二〇年を経て、今、熊本地裁では、菊池事件の再審請求がスタートしています。先生がご健在であれば、その先頭に立たれたであろうこのたたかいをはじめとする残された諸課題に対して、先生のご遺志を受け継いで、残された人生をかけて挑み続けることをお誓いして、先生へのお別れの言葉とさせていただきます。

「石炭・トンネルじん肺のたたかい」について

原　啓章

一　板井優先生が西日本石炭じん肺熊本訴訟の弁護団長を務められた同訴訟において、私は事務局長を務めさせていただきました。

同訴訟は二〇〇五（平成一七）年四月二七日、熊本地方裁判所に提訴されました。天草地方の炭鉱で働いた職歴のある原告数五四名の集団訴訟でありました。

同訴訟は、二〇〇七（平成一九）年一〇月二三日、二四名の原告との和解が成立して、原告全員の和解による解決を図ることができました。

刊行された『天草炭鉱・石炭じん肺の闘い』

二　板井先生は、全面和解成立後、本訴訟の足跡を書籍にまとめることを提案されました。

この結果、二〇〇九年三月二八日、『天草炭鉱・石炭じん肺の闘い』（花伝社）が刊行されるに至りました。

三　板井先生は、上記書籍の冒頭において、以下のとおり述べられています。

「熊本の弁護士たちが集団でじん肺問題に取り組んだのは、おそらくトンネルじん肺訴訟が最初です。ところで、熊本の弁護士たちは長年水俣病問題の解決に力を注いでいました。一九八〇（昭和五五）年、熊本で最初に水俣病国賠訴訟が起こった後に、国をも被告とする筑豊じん肺訴訟が提起されました。私は、馬奈木昭雄弁護士に声をかけられて、福岡での筑豊じん肺訴訟の会議で、熊本・水俣での国賠訴訟の現状を報告したことがありました。

しかし当時は、国を相手にして、産業政策と公害や労災職業病との関係を争う闘いに勝つことは、相当に難しいことであると考えられていました。法学者の中でも『無謀』というとらえ方が多かったように記憶しています。

水俣病問題が一段落ついた一九九六（平成八）年に、トンネルじん肺の集団訴訟が問題となりました。その後、熊本地裁でも初めてのトンネルじん肺集団訴訟が提起されました。『あやまれ、つぐなえ、なくせじん肺』を合言葉に全国各地でも裁判が起こされました。しかし、この裁判の被告はゼネコンだけであり、国は入っていませんでした。

この当時、私は、天草で石炭じん肺問題などに取り組んでいた緒方徹治さんから、天草の石炭じん肺患者の裁判について相談を受けたことがありました。荒木栄が作曲した『地底の歌』では、有明海の地底で石炭を掘る労働者たちの闘いが高らかに歌い上げられています。九州の天草でも、東シナ海の地底に炭鉱がありました。人間の体がやっと入るくらいの極めて薄い石炭層の中で、汗だらけになりながら必死になって『無煙炭』と呼ばれる炭を掘っている労働者たちがいたのです。

しかし、当時はゼネコン相手の裁判を始めたばかりのころです。すでに炭鉱が閉山して数十年を経過し、炭鉱を経営していた企業も倒産している天草の炭鉱の裁判は、国を相手とする裁判になることは必至であり、とてもそこまでの余裕はありませんでした。まさに、わが身の非力さを嘆いた時期でした。

その後、筑豊じん肺訴訟において、石炭じん肺患者たちは、福岡高裁で逆転勝訴し、二〇〇四（平成一六）年には最高裁でも国の責任が認められました。

この判決が、全国の石炭じん肺患者達に闘いの大きな転機を与えました。一九五〇年代後半、石炭から石油へのエネルギー・化学工業原料の転換が行なわれました。いわゆるスクラップ・アンド・ビルド政策です。これにより、わが国の石炭の炭鉱は閉山となり、中小の石炭企業は倒産しており、そこで働いた炭鉱夫たちは自分たちをじん肺にして苦しめる加害者の責任を追及することが事実上困難になりました。

しかし、筑豊じん肺国賠訴訟判決は、企業が倒産しても、国を相手に加害者の責任を裁判で追及する道があることを指し示しました。そして、この判決を受けて、天草の石炭じん肺患者たちも国を相手とする裁判の闘いに立ちあがったのです。

本書を通じて、熊本で展開された天草における石炭じん肺患者たちの闘いの歴史を、国民各位に知ってもらえれば望外の喜びです。」（二一二頁〜二一三頁）

四　板井先生は、上記の執筆文によって、熊本におけるトンネルじん肺及び石炭じん肺訴訟の闘いの足跡を見事にまとめておられます。

五　上記書籍には、西日本石炭じん肺訴訟弁護団長を務められた岩城邦治弁護士にも寄稿をいただきました（八二頁以下）。

岩城弁護士は、「今後の課題」との項目において、①二〇一五年までにじん肺を根絶する課題、②アスベスト被害救済の取り組みを挙げておられます。

現状において、①についても未だこの課題の解決に向けて各種の取り組みが継続しています。②についても、今、まさにこの取り組みが全国的に進められています。

六　岩城弁護士は、②の課題に関し、以下のように述べられています。

「（アスベスト被害救済の）領域では、過去数十年にわたる膨大な量のアスベスト垂れ流しから、今後三〇年、四〇年という長期間にわたって中皮腫や肺がんの被害が出続けることになると思います。また、吹き付けアスベストやアスベスト建材を用いた施設・建物が大量にあり、その撤去・解体という難問もあります。

取り組みは始まったばかりで、問題を理解し被害救済に寄与できるスタッフを早急に組織していく必要があります。じん肺の場合と異なり、被害者は各地に孤立しており、被害者同士が連絡を取り合い情報を交換していくことがなかなか難しい状況にあるようです。こうした孤立した被害者が連絡したり相談できる救済のためのセンターを各地に準備していく必要があると思います。」（八四頁）

七　板井先生が今お元気であれば、じん肺・アスベスト被害者救済のために的確な提案をされ、熊本のみならず全国にいる被害者救済のために奔走されていたはずです。「千人の一歩」という板井先生の実践がじん肺・アスベスト被害者救済においても現実化していたはずです。

類稀な慧眼の持ち主であった板井先生が今ここに居られないことが誠に残念でなりません。

八　他方、板井先生の提案により多数の書籍が刊行され、多くの裁判の軌跡が鮮明に残されています。

私たちは、板井先生から直接に受けた薫陶と上記書籍などの遺産を強力な武器として、今後も、労災職業病患者などの被害者の救済のために、全力で闘っていくことでしょう。私も、相当の期間、じん肺・アスベスト訴訟の弁護団によって構成される全国じん肺弁護団連絡会議に参加させていただいており、熊本を中心とするじん肺・アスベスト被害者救済のために、今後も細やかながらできることを模索していく所存です。

本稿をもって、じん肺患者救済のために、板井先生が大きな役割を果たしてこられたことを多少なりとも記録に残すことができたとすれば、望外の幸せであります。

板井先生に深く感謝申し上げますとともに、ご冥福をお祈りいたします。

（弁護士）

勝つことはできる、しかし簡単ではない

緒方 徹治

建交労のフルネームは「全日本建設交運一般労働組合」といいます。建設関係や運輸関係、学童保育など一三業種の部会があり、全国的にも珍しい労働組合です。その中に労災職業病部会があり、この部隊がじん肺闘争の主体です。山林や建設、炭鉱労働者は振動病やじん肺などの潜在患者が多発していました。トンネル抗夫や元炭鉱労働者のじん肺の認定を勝ち取ることから始まります。じん肺は離職してからも発症します。進行性で不治の病です。

九州には福岡や長崎など炭鉱がたくさん存在しました。天草では無煙炭といわれる良質の石炭が掘り出されていました。すでに炭鉱は閉山になっており、多くの元炭鉱労働者が存在していました。労基署は炭鉱が存在した事実があるので一定の認定者（天草労基署管内約五〇〇人）は出していましたが、それ以上の認定者は出さない「取り決め」があったようです。

建交労はこの「労災隠し」からの闘いでした。私たちは法律や通達を駆使し、労基署の不当な締め付けを打ち破って労災認定を勝ち取っていきました。

また、九州からは六〇年代の高度経済成長期に多くの出稼ぎ労働者が発生しました。トンネルやダム、

地下鉄工事などに従事しました。当時の現場は劣悪でした。削岩機やピック、ブレーカーなどの振動工具を使って掘削していきます。発破を打ち、「それ行け」と粉塵が舞う中でのズリ出し作業です。当時はマスクの支給もなく、タオルで覆って作業するしかなかったそうです。これらの人々は帰郷しても、手指のしびれや痛み、白ろう現象、呼吸苦や咳、痰、難聴・耳鳴りなどの症状に苦しめられていました。じん肺や振動病、騒音性難聴などの職業病にり患していることを知らなかったのです。現場では職業病などへの教育はなく、知らされないままの帰郷でした。

トンネルじん肺闘争は、四国の徳島、高知、愛媛、北海道が先駆的な闘いを行なっていました。いくつもの現場やゼネコンを渡り歩くトンネル坑夫は、事業所や現場を特定するのは困難です。ましてやゼネコンに損害賠償責任を問う裁判ではなおさらです。その立証に多くの時間とエネルギーを費やさなければなりません。全ての立証が終わるのは孫子の代までかかるのではないかとさえ言われていたそうです。

建交労は全国でトンネルじん肺闘争を行なう方針を出し、九州各県でも弁護士に相談することから始まりました。熊本市内で弁護団との打ち合わせから始まりました。弁護団からは「トンネル坑夫の居住分布は？」から始まり、弁護団の先生方は「なるほど」と得心されました。熊本市内にはほとんどトンネル坑夫はおらず、玉名や阿蘇、球磨、芦北、天草など「ドーナッツ状」に存在していたのです。出稼ぎ労働者は農山村地帯から多く発生していたことが弁護士の皆さんも理解されました。九州では大分や宮崎、鹿児島、長崎からも多くのトンネル坑夫がじん肺にり患していました。

平成八年には四国のトンネルじん肺訴訟が、一〇年には道南じん肺訴訟も和解解決しました。

一九九六（平成八）年一〇月三一日に、「謝れ、償え、なくせじん肺」のスローガンを掲げ、「全国トンネルじん肺補償請求団」を結成しました。請求団はゼネコンに対し交渉を申し入れました。ゼネコンは被害者には申し訳ない、苦しみは理解できる、などとよそ事のように対応したため法廷で闘うこととしました。

一九九七年五月一九日に東京地裁に提訴、熊本では一〇月八日に熊本地裁に提訴、全国二三地裁に一五〇〇人が提訴しました。提訴までの職歴確定作業は本当に大変でした。本人らはまさか裁判をすることなど夢にも思っていなかったのです。トンネルリストをつくり、貫通枡や写真などの証拠をそろえ、職歴を弁護団と一緒に作っていきました。

熊本地裁での弁論で「じん肺患者は陸の上で溺れているようなものだ」との弁護団の表現には驚かされました。弁論後の報告集会で板井優先生は「この裁判は勝てる。何故なら目の前にじん肺患者がいるから」「発注者責任も問わなければならない」旨の話をされました。毎回の報告集会で板井先生が何を語られるか、この裁判の意義はどのようなものか、大所、高所からの捉え方にいつも期待して聞いたものです。

原告はじん肺で息が苦しい中で頑張りました。東京地裁やゼネコン要請にたびたび上京しました。福岡で石炭じん肺を闘った弁護士は「トンネルじん肺は建交労があるから運動が拡がる」と労働組合の役割を高く評価していました。

弁論が進むにつれ徳島地裁をはじめとして長野、東京地裁での和解勧告がだされ、まずは東京地裁で和解が成立し、二三地裁すべてでゼネコンとの勝利和解を勝ち取りました。この中でゼネコンは「弔意と心からのお見舞いする」とした「謝罪」と補償が行なわれました。

ゼネコンとの和解が成立したとはいえ、今後もトンネルは掘り続けられるし、じん肺患者は出続ける、患者を出さない仕組みが必要との問題意識から国の発注者責任を問う裁判が提起されました。いわゆる「全国トンネルじん肺根絶訴訟」です。

2007年7月5日福岡高裁勝利和解報告集会

今度はブロックごとに闘うこととなりました。九州ブロックは熊本地裁が舞台となりました。この裁判でも板井優先生にはブロック弁護団長として奮闘してもらいました。

ゼネコンとの和解が成立した原告団・弁護団は、国の規制権限不行使と国発注のトンネル工事の発注者責任を追及する「全国トンネルじん肺根絶訴訟」を、平成一四年一一月二二日に東京地裁に提訴しました。「全国トンネルじん肺根絶訴訟」は、全国一一地裁に提訴されました。さらに、平成一八年四月には、東京地裁を始め三地裁に第二陣訴訟が起こされました。平成一八年七月七日に東京地裁で、同月一三日に熊本地裁で、同年一〇月に仙台地裁で、相次いで判決が言い渡されました。判決では、国の発注者責任は認められませんでしたが、防じんマスクの使用や粉じん濃度測定の義務付けなどの規制権限の不行使が認められました。

国は控訴しましたが、平成一九年六月一八日に政治決着が図られ、時の安倍首相は、原告団と面会し、お見舞いを表明するとともに、じん肺対策の強化を約束、原告側は国を被告とする訴訟での請求を放棄することとし、国と原告団・弁護団との間で、「トンネルじん肺防止対策に関する合意書」の調印がなされました。この政治合意に基づき、提訴されている全ての高裁・地裁で、原告団と国の間で和解が成立しました。

国とゼネコンとの和解が成立しましたが、建交労トンネルじん肺根絶闘争本部は裁判なしに救済される「基金制度」の創設を求めて闘いを提起しました。この課題はゼネコンと日建連の根強い反発によりいまだに実現していません。今年の二月には基金創設を求め全国七地裁に第七陣六二人がゼネコンを相手に訴訟を起こしています。この基金制度の創設を求めることについて板井優先生は「本当に実現できるのか」とかなり厳しい意見を持っておられました。

トンネルじん肺を闘う中で、同じじん肺なのに元炭鉱夫じん肺患者が補償を受けられないのはおかしいと板井先生に問題提起をしました。弁護団と現地調査をし、酒を飲みかわしました。二〇〇五年に国を相手に熊本地裁に提訴しました。西日本石炭じん肺弁護団長として板井優先生には奮闘していただきました。この裁判はすでに企業が閉鎖しており、国のエネルギー政策により、じん肺患者が取り残された結果だとして国の責任を追及してたたかわれた裁判です。今では国に請求するだけで救済される仕組みが実現しています。

板井優弁護士は建交労の顧問弁護士として労働争議も含め運動全般についても指導と励ましをしていただきました。もっともっと指導していただきたかった。本当に残念です。

（全日本建設交運一般労働組合元熊本県本部委員長）

板井優先生からの突然の依頼

矢ヶ﨑　克馬

板井先生から「原爆症認定集団訴訟で内部被曝の証言をしてくれ」と突然言葉をかけられたのは二〇〇三年のことでした。専門外の私にはとても無理だと判断し、「お断りするしかない」と思いました。しかし、「せめて関連文書を読むことくらいしてからお断りするのが礼儀ではないか？」、「日米の指針とする線量評価体系「ＤＳ８６」の関連部分を読んでから…」と、第六章を読み始めました。読み始めた直後、科学倫理に違反する巨大な虚偽に気が付きました。

爆心地を床上一ｍの濁流が洗った「枕崎台風」の後で一斉に残留放射能を測定させ、「内部被曝を与える放射性降下物は健康被害を及ぼすほどの強さははじめから無かった」とされていたのです。ＤＳ８６の全てのデータは、台風通過後、測定したデータなのです。まさに「似而非科学」が「科学」の振りをして被曝者の切り捨てに使われてきたのです。

そこに記述された一切の虚偽は、放射能の専門家、あるいは医師でなくては見つからない専門性のあるものではありません。市民なら誰でも、床上一ｍの濁流は土壌表面の放射能の埃の一切を洗い流すことを知っています。ＤＳ８６の「虚偽」に気がつくはずです。

何故、今までこのような巨大な嘘が、まことしやかに通用してきたのだろう？　私は、まずそのことに立腹しました。

同時に、自分が「全くの専門外だから分かりっこない」と勝手に思い込み、今まで被曝問題に首を突っ込むことさえせずに何故避けてきたのか？　と自分自身に著しく腹が立ち、三日三晩眠れなかったことを覚えています。

「科学者としての証言が必要ならば、物性物理を基盤とした一般科学の立場から取り組ませていただきます」と板井先生にご報告したのが、私の内部被曝問題に取り組むきっかけになりました。

「科学的」に見れば、「現場が保存されていない」データが、ＤＳ８６として今も国際的国内的見解として継承されているのです。

当時のアメリカ占領軍などの原爆、特に放射線被害に関する処理方針文献を漁りますと、「検査すれども治療せず」の残虐行為を行なう原爆傷害調査委員会（ＡＢＣＣ）を設置した米国は、核兵器開発を推進しながら、後遺障害の残る残虐兵器批判の国際世論を交わすために、空中爆発だから原爆投下地域には放射性降下物はないと虚偽の理論を立て、〝不可解な多量の死亡者〟（放射線被曝による犠牲者）がいることを隠蔽して、「原爆投下後の放射線被曝／内部被曝は一切無い」ことにしました。

米国核戦略に日本政府が全面的に追随し、この虚偽に基づいた線量評価が一九五七年に施行された「原爆医療法」の被爆地域指定に反映され、外部被曝のみによって「被爆者（1号被爆者と2号被爆者）」が決められました。それはさらに一九九五年に施行された「被爆者援護法」にそのまま引き継がれました。DS86はそれを糊塗する科学的粉飾だったのです。今日の広島「黒い雨」、長崎「被爆体験者」などの原爆被災者を苦しめ続ける根本原因を「虚偽」の米核戦略で構築したのです。

日本政府はこの核戦略を支えるために絶大な貢献を致してきました。「学問の自由」など一切ない「国際原子力ロビー」、「原子力むら」を強固に形成したのです。

私はそれを「知られざる核戦争」と称しましたが、「被曝被害を隠蔽する巨悪の情報操作体制」がなす巨大な宣撫／鎮撫工作が世界を蹂躙しているのです。原爆被害者を苦しみ続けさせる反科学集団が科学的、行政的、立法的にきわめて組織的系統的に張り巡らされているのです。

連れ合いの被爆者としての生き様に共感してきた私としてのたたかうべき内容が、さらに具体的にはっきりしました。二〇〇三年以降の私の生き方が固まりました。私の連れ合いは広島の「胎内被曝者」で、認定被爆者としては文字通りの最年少被爆者でした。被爆者として「全ての人が大切にされる社会」を目指して生涯を過ごした者です。

何故、原爆症などについてど素人の私に板井先生が声をおかけになったのか？

その回答は､「保険医団体連合会で作成した『イラクの子供たちの劣化ウランによる被害』のパンフレットに、矢ヶ﨑先生の文章が書かれてありました。私が持っていたパンフレットを見て、先生の存在を知ったということでした。そして保団連のパンフに文章を寄せてくださる物理学者ということを見込んで、お願いすることを決めたといっていました」と、八重子奥様が私に教えてくださいました。

実は、一九九五~六年に米軍の射爆場としている沖縄県・鳥島において、計一五二〇発、二〇〇kgの劣化ウラン弾が海兵隊のハリアー機によって機銃掃射されました。一九九七年にこれが発覚した時の米軍の第一声は､「劣化ウランは放射能ではない」というものでした。これに対して私は物性物理学者として劣化ウランがなんであるかを（おそらく県内で一番良く）承知していた者として、「沖縄県民、なめられてたまるか」の一心で米軍に「嘘を言うな」と噛みつきました。噛みついたからには後には引けなくなり、いろいろな攻撃に対して、必死に学習して確信を得て回答することをせざるを得ませんでした。そして劣化ウラン弾使用に反対し､市民に対する普及活動を行ないましたが､その一つに「イラクの子どもたちは､今」というタイトルで月刊『保団連』に掲載していただいたのでした。

その後、私が法廷で証言することが決まり、そのプロセスで、板井先生を弁護団長とする弁護団の先生方が、毎回三名、数ヵ月にわたって、毎週金、土、日と、熊本から沖縄にやって来られました。原爆症認定訴訟に関する基礎的な資料／文献を提示し、質問を置き土産に「次週ご回答ください」という特訓をしてくださったのです。時に琉球大学理学部長をしていた私に有無を言わさず、必要事項を伝授してくださるものでした。また、どれだけ弁護団の先生方が研究努力されていたのかということを痛感する取り組みでした。

裁判で「〝もの申す〟専門家がいなければ専門家を育てる」という、まさに「百戦必勝」を具体化する板井優先生の哲学でありました。

意見書を準備する過程で、原子雲の広がった直径三〇㎞の範囲でどれほどの放射能強度がもたらされたかを数値シュミレーションして、ごくわずかな放射性降下物の量で非常に強い放射線量がもたらされることを示そうとしました。ところが、「法廷で数値を示すことは合いならぬ」というお達しが板井先生からもたらされました。「その数値が何故一一であり何故一二では無いのか?」などという上げ足取りがなされて、提示する趣旨も何もかもダメにされる恐れがあるということでした。その時は弁護団長の指示に反するわけには行かず、涙をのんで引っ込めました。

しかし、数値計算には矢ヶ崎の特徴が出ており、何とか「上げ足取り」の餌食にならない方法はないのかと思案しました。その結果、『オーダーエスティメーション』という方法を思いつきました。それは「数値そのものは仮定する数量により変わりはあろうが、数値の桁数は、明らかに一〇〇万分の一グラムの程度であり、一〇万分の一の程度ではない」という論理で、数値としての上げ足取りを避けることができま

原爆訴訟第一陣熊本地裁判決後の集会で挨拶する板井優（その左隣が筆者）

した。シュミレーションの根拠となる物理量が明確である限り、非常に有効な説得力を持つ法廷弁論がその後可能となりました。

原爆症認定集団訴訟は、見事な判決を勝ち取り、終結いたしました。まさに「知られざる核戦争」の最前線であり、核推進勢力の反科学を暴露し、その支配に風穴を開ける歴史的な意味のある勝訴でした。特徴的なことは内部被曝を明示的に、あるいは事実上法廷が認めたのです。残念ながら一貫して政府はそれに従っておりません。

板井先生の私への声かけは、その後の私の人生を転換させるきっかけとなりました。「被爆・被曝問題に苦しむ方々のお役に少しでも立てるならば」と、たたかいの現場に課題を見つけ、それを解明するという、「たたかいに学び成長する市民科学者」として、今も悪戦を続けています。私も決して諦めない「やなわらばー」になろうとしております。

私の連れ合いの沖本八重美は、ずっと車両番号「八七八八」の車に乗っていました。この番号は「やなババー」と語呂合わせをされました。私は「やなババー」と聞いて、「やなわらばー」と聞き変えて、板井優先生を連想しました。この番号は今も私の自家用車の番号に継承されています。連れ合いとともに板井先生を思い出す「日常的仕掛け」となっています。

ところで、この番号は他の人曰く「花の母」という語呂合わせ。沖縄に、全国にも、「沖本チルドレン」と自称する若者が沢山います。

板井優先生は、鋭い分析力、最も効果的な方法論、問題点をえぐり出す現場探索力、裁判における集中力、それらを総合的に実施しきる組織力、すべてに大きな足跡を残され、裁判史に輝く偉大な指導者でした。「やなわらばー弁護士チルドレン」の方々はたくさんいらっしゃいます。年は私の方が上ですが、私もそのチルドレンの一員だと認じております。

板井優先生のご遺志を引き継いで進むことをお誓い致します。

追記

その後、支援していた「広島黒い雨訴訟」の判決を得ました。黒い雨訴訟は提訴が二〇一五年、一審判決(広島地裁)が二〇二〇年、二審判決（広島高裁）が二〇二一年になされ、高裁判決が最終判決となりました。一審判決は従来の内部被曝を無視した法的枠組み：被災者を分断差別化する枠組みの中での「勝訴判決」でした。

高等裁判所控訴審の判決は従来の科学的虚偽を否定した画期的なものでした。内部被曝を全面的に認め、放射能が広域に分散される科学的機序を認め、「黒い雨に打たれることだけではなく、その領域にいることによって、内部被曝をする必然性があった」としたのです。内部被曝に苛まされた被曝被害者の実態を誠実に事実として評価し、従来の外部被曝だけの被爆者と差別無く内部被曝した被爆者を「被爆者」としたのでした（西井和徒裁判長）。被爆裁判史における名判決と位置づけられます。

広島高裁判決文には「矢ヶ崎の論ずる原子雲と黒い雨と放射能環境と内部被曝に関する科学的機序は重要な科学的仮説」と記述されています。

残された課題、長崎被爆体験者への差別を撤回させる課題に全力を注ぐ決意です。

原爆症認定訴訟

牟田　喜雄

二〇〇〇年七月、一二年もの長い闘いを経て、松谷原爆症訴訟が最高裁で勝訴確定した。しかし、その後、二〇〇一年に政府が出してきた原爆症認定基準は、「原因確率」なるものを土台とした、より厳しい内容のもので、最高裁で原爆症認定が確定した松谷さんさえ認定の対象外となるものであった。個別の裁判で勝訴を積み重ねても、政府の認定基準を変えることはできないという現実を前にして、大量の原告が勝訴することによって、原爆の影響をできる限り小さく限定しようとする政府の方針を変えさせない限り、原爆被害に対する国家補償として、多くの被爆者が救済されることはないとの認識に至って、日本被団協は原爆症認定集団申請、集団訴訟運動に取り組むことを決定した。

二〇〇二年一二月には原爆症認定集団訴訟全国弁護団連絡会議が発足し、全国各地で集団提訴が開始されることになった。

全国での運動に呼応し、熊本でも被爆者団体から、大規模な集団訴訟で勝利した水俣病にならい、原爆症認定集団訴訟への協力依頼が弁護士へあり、板井優弁護士を団長、寺内大介弁護士を事務局長として熊本弁護団が結成され、二〇〇三年六月、熊本地裁への提訴が開始された。弁護団長として板井優弁護士が集団訴訟説明会で被爆者や支援者を前にして、水俣病の教訓を生かし、集団の力を結集して闘おうと熱く訴えておられたのが想起される。

二〇〇六年五月に大阪地裁、同年八月に広島地裁での全員勝訴をはじめ、全国での相次ぐ被爆者原告勝訴の大きな流れのなかで、熊本地裁でも二〇〇七年七月に第一陣、二〇〇九年八月に第二陣の勝訴判決となり、原告三二名中三一名が原爆症と認定されるという貴重な成果が生み出された。その後、第二次訴訟でも原告八名中五名が原爆症と認定された。

この原動力として、被爆者を先頭とした弁護団や支援者の粘り強い地道な努力はもちろんのことであるが、背景として、被爆者が長年にわたり被爆体験を語り、原爆被害への補償拡充を求め、原水爆禁止を国内、海外へ訴え続けてきたことがある。これらが世論を動かし、司法を動かしたといえるのではないだろうか。

熊本の原爆症訴訟の取り組みは、「プロジェクト０４」抜きには語れない。「プロジェクト０４」とは、熊本在住の被爆者と非被爆者の六〇年間の病歴を比較することにより、被爆者に罹患が多い疾病を明らかにしようとした健康調査である。二〇〇四年に取り組んだことで「プロジェクト０４」と名付けられた。

原爆認定訴訟熊本第二陣勝訴の瞬間

この取り組みの問題意識として、原爆症認定判断の有力な証拠とされている放射線影響研究所による大規模な被爆者の疫学調査があるが、この調査は大量の被爆者について、定期的な血液検査などの検診を行ない、発症疾病の確認、生存確認、死亡した際は死亡診断書による死因の確定を行なっている、世界的にも貴重で有意義なものであるものの、そこで非被爆対象者とされている集団には入市・遠距離被爆者が含まれているので、残留放射線などによる低線量被爆の影響があると考えられ、いわば低線量被爆者と高線量被爆者との比較になっており、被爆の影響の過小評価になっている可能性がある。したがって、何も被爆していない集団と被爆者で比較する必要があるのではないかというものである。

水俣病においては、有機水銀に暴露した集団と、全く暴露していない集団を比較した調査が有力な証拠とされ、裁判勝利の大きな力となった教訓があった。水俣病に率先して取り組まれてきた板井弁護団長をはじめとする弁護士集団や支援者には、この教訓を生かしたいとの強い思いがあった。

「プロジェクト０４」では、被爆者二七八名について聞き取り調査を実施したが、年齢、性別をマッチさせた同数の非被爆者と比較して統計学的有意差検定を行なう必要があったため、非被爆者は五三〇名について聞き取りを実施した。弁護士と医師のレクチャーを受けた一般調査員が被爆状況、既往歴など詳細な聞き取りを行なった後、医師による確認の聞き取りを行なうという大変な作業で、対象人数も多いので、土、日曜に一〇ヵ月にわたって取り組まれた。医師二六名、弁護士八名を含め四九五名、のべ八四八名がボランティアの調査員などとして参加した大規模調査となった。なお、統計学的観点からの調査方法設定、有意差検定の実施方法、論文化への助言などで山口大学医学部衛生学教室の原田規章教授には大変お世話になった。原田教授の協力なくしては、「プロジェクト０４」の成功はなかった。

板井弁護団長も率先して調査員へのレクチャー役として参加された。水俣病訴訟では、医師・看護師のほか、弁護士や支援者が一体となって取り組んだ「不知火海沿岸一〇〇〇人検診」があった。この経験が生かされたのである。

熊本県民医連も全面的に協力し、成功に寄与したが、全日本民医連は高く評価し、総会において有志医師団による「医師団意見書」にならんで「プロジェクト０４」の取り組みを表彰した。

調査の結果、遠距離・入市被爆者の多くに急性症状を示唆する症状が認められ、多重癌を含めた癌、甲状腺疾患、肝疾患など、多くの疾患について被爆者に有意に発症が多いことが示された。裁判の証拠として提出され、勝訴判決の原動力となった。

熊本の原爆症訴訟のもう一つの大きな特徴は、長崎現地検証が行なわれたことである。裁判官が現地に足を運び、当時の写真や地図などと照らし合わせながら原告らの話を聞くことで、臨場感を持って被爆の実相に接近することができ、マスコミの関心も呼び、世論構築にも大きな役割を果たした。

水俣病裁判でのチッソのアセトアルデヒド製造工場検証、川辺川利水訴訟での国がダムから水を引こうとしている現場の検証、ハンセン病国賠訴訟での菊池恵楓園検証の経験が生かされたのである。

熊本を含め、全国での勝訴判決の連弾により、原爆症認定基準は二度にわたって改定され、原爆症認定者数は飛躍的に増加することになった。熊本判決は、全国の判決と同様、全国の被爆者を原爆症として救済する仕組みを作るという歴史的な課題の実現に寄与することができた。

弁護士・板井優氏は、国家権力によって虐げられている人達の人間としての尊厳を守るために、弁護士として水俣病をはじめ、川辺川、ハンセン病、そして原爆症などを多くの原告、支援者とともに闘い、勝利へと導いた信念の人だと想う。水俣病裁判で培った経験と教訓を他の課題での取り組みでも積極的に生かすことに心を砕かれた。厳しいが、同時に名のごとく優しい人であったと思う。残念ながら亡くなられたが、いつまでも闘う人達を励まし続けられていると思う。

（平和クリニック院長）

ミナマタのように調べよう！　〜原爆症認定訴訟

寺内　大介

「あなたがやるしかないじゃない」

原爆症認定訴訟は、私の弁護士人生にとって分岐となる訴訟でした。ハンセン病や川辺川のたたかいは、末席で板井先生についていく身でしたが、弁護士五年目に板井先生から振られたのが、原爆症認定訴訟の事務局長でした。

長崎の被爆者が最高裁で勝訴した後も、爆心から二㎞以遠にいた被爆者の疾病を原爆放射線の影響（原爆症）とは認めない厚生労働省の被爆者切り捨て政策を全国の集団訴訟で転換させようというものでした。

京都で小西原爆訴訟をたたかった水俣病の戦友・尾藤廣喜弁護士から、熊本も集団訴訟に参加してほしいと要請され、これに板井先生が応えて熊本地裁にも集団訴訟を提起することになりました。

熊本中央法律事務所の応接室で、板井先生から「あなたがやるしかないじゃない」と言われ、〝被爆者の訴訟〟という程度の認識で、事務局長を引き受けることになりました。

原爆症訴訟で熊本は新参者でしたが、板井先生の発想と言動は全国の弁護団でも重宝され、厚生労働省との交渉でも重要な役割を果たしました（『原爆症認定集団訴訟たたかいの記録』日本評論社）。

ミナマタのように調べよう！　〜〝プロジェクト０４〟

熊本訴訟では、長崎現地検証や被爆者健康調査〝プロジェクト０４〟など、水俣病やハンセン病、川辺川利水訴訟のたたかいの経験をフル活用しました。その結果、「審査の方針」の見直しや集団訴訟の解決合意につながる重要な判決をとることができました。

それまで、ガンについては放射線の影響が認められていましたが、熊本訴訟は、肝機能障害や甲状腺機能低下症、糖尿病、変形性脊椎症など、非ガン疾患の原告が多かったため、これらの疾患についてどうやって放射線起因性を認めさせるかが大きな焦点でした。

そこで、被爆者と非被爆者の病歴を調べて、被爆者が多く罹患している疾患を明らかにしようということになりました。桂島の悉皆調査で水俣病像を明らかにして勝訴した経験から、「ミナマタのように調べよう！」という板井先生の発案でした。

〝プロジェクト０４〟（命名は私）をやりたいという話を、水俣病検診の実績を持つ熊本民医連の幹部の医師に相談しました。医師から「日常診療が大変なのに週末に数百名規模の被爆者の聴取をするなんて無理だ」という常識的な意見が出されましたが、板井先生は、「これまでだれもやっていない調査をすれば褒められるのか」などと冗談を言いながら医師らを説得しました。

調査のため、毎週末、くわみず病院をお借りし、被爆者診療に携わってきた川端真須代看護師を専従スタッフとして派遣してもらいました。

弁護士と医師が聴取スタッフに調査の意義とポイントを説明し、スタッフが被爆状況や病歴を聴取して調査票に記入していくという、大変な労力を要する調査でした。

聴取スタッフには、民医連や法律事務所の職員をはじめ、新日本婦人の会や労働組合からも参加してもらいました。被爆者への呼びかけは、熊本県被爆者団体協議会の中山高光事務局長の頑張りが大きく、非被爆者の調査対象者には、年金者組合をはじめ被爆者と同年代の高齢者の協力を得ました。

弁護士と医師は、スタッフの質問を受けるため待機しました。原田正純先生と待機組になった際、原田先生が、熊本日日新聞社の記者に「原爆症の認定をきちんとしてこなかったつけが水俣病の認定に影響してるんだよね」とコメントされていたのを思い出します。

一年かけて被爆者二八〇名、非被爆者五三〇名の調査をやり切りましたが、二〇〇四年の私の週末の半分は被爆者とともにありました。

調査の結果を牟田喜雄医師と積豪英医師がまとめ、牟田医師が法廷で証言されました。被爆地でない熊本で被爆者の調査ができた原動力は、ミナマタや川辺川（アタック〝２００１〟）の経験をふまえた一〇〇〇人の一歩の精神にほかなりません。

〝プロジェクト０４〟の成果で、非ガン疾患に放射線起因性が認められ、原爆症と認めさせることができました（『原爆症認定訴訟』花伝社）。

本当にやるのか？　〜内部被曝の証人尋問

琉球大学の矢ケ崎克馬教授（物性物理学）が、月刊『保団連』に「劣化ウラン弾による放射線の内部被曝」を書いておられていました。

原告の多くが、爆心から二㎞以遠の被爆者で、初期放射線（爆発から一分以内に人体に到達した放射線）だけでは高線量被曝とはいえないため、放射性降下物（黒い雨、黒いすす）や放射性微粒子などを体内に取り込むことによる残留放射線の内部被曝の影響を明らかにして、遠距離被爆者の被曝を立証しようと考えました。

全国で初めて内部被曝を正面から問う矢ケ崎教授を証人申請するに際しては「放射線の専門家でない証人を尋問して大丈夫なのか」という三角恒弁護士の反対意見がありました。板井先生に「沖縄に行って矢ケ崎先生と議論してくればいいいじゃない」と言われ、三角弁護士とともに矢ケ崎研究室を訪れました。水面下のクライマックスとなるこの場面で、板井先生は正面から議論を仕掛け、弁護団を一つにまとめ上げました。

新人の板井俊介弁護士が見事に矢ケ崎尋問を成功させ、内部被曝の人体影響を重視した勝訴判決に大きな役割を果たしました（『裁かれた内部被曝』花伝社）。

被爆六〇周年での長崎検証

被爆六〇周年の二〇〇五年一一月、熊本地裁の裁判官三名が長崎市を訪れ、現地検証を実施しました。これも板井先生の発案でした。

国は、「六〇年も経っており長崎市の状態は大きく変わっているので、検証しても意味がない」などと定番の理由で反対しました。

私たちは、長崎被災協や長崎弁護団の協力も得て、検証箇所となる原告の被爆地点や避難経路を特定し、「原告が被爆地点で当時の様子を語ることは被爆の実相に接近するうえで有用」と訴え、採用にこぎつけました。採用後も現地を訪れ、移動時間を図りながら予行演習をしました。

当日は、新人の中島潤史弁護士を始め、弁護団総がかりで写真パネルを示しながら、ハンドマイクで原告とともに裁判官に説明しました。

それまでの証人尋問には取材に来なかったマスコミが大挙して長崎を訪れて検証の様子を大きく報道し、世論形成に重要な役割を果たしました。検証採用の秘話については、ここでは控えておきます。

怒りのバトン～「八月の前に歴史的な判決を」

大阪地裁、広島地裁で連敗していた国（厚労省）は、結審前の口頭弁論で、「全被爆者を原爆症と認定し医療特別手当を支給すれば国の財政は破たんする」と暴言を吐きました。私は、怒りに震えて立ち上がり、「被爆者全員を認定せよとは言っていない」と異議を述べましたが、感極まって途中で言葉に詰まりました。そのとき、板井先生が、怒りのバトンを受け取って立ち上がり、「ふざけるな！　誰がそんなこと言ってるんだ」と怒鳴りつけました。

裁判後の報告集会で発言する板井優（左隣が筆者）

板井先生は、二〇〇九年三月三〇日の結審弁論で、「石井コートが今年の八月の前に最終的な解決を促す歴史的な判決を下していただきたい」と述べ、八月三日の原告全員勝訴で集団訴訟の解決合意に結実しました。裁判所や被告に対し、弁護団の決意と要求を明確にしてたたかう板井先生の姿勢は、どの訴訟でも一貫していたように思います。

弁護士人生をかけて取り組むことになった原爆症訴訟の事務局長に指名してくれた板井先生の思いにこたえるためにも、ノーモア・ミナマタ第２次訴訟で勝ち抜くべく尽力したいと思います。

（弁護士）

原発差止の戦いと今日的な課題　―そして板井優弁護士のこと

河合　弘之

私が板井優弁護士と初めて会ったのは、東京電力福島原発事故（ふくいち事故）からしばらく経ってからでした。

私は、ふくいち事故の前から浜岡原発や大間原発、福島第一原発の差止訴訟をやっていました。しかし、やってもやっても敗訴ばかり。嫌気がさして、そろそろやめようかと思っていました。原子力推進勢力の安全・安心キャンペーンが余りに強烈なので、私自身でさえも「日本の原発が危険だ、危険だというのはもしかしたら大袈裟なのかもしれない」と思うことがあるほどでした。

そこにふくいち事故が起きました。

「やはり私達の警告、考え方は正しかった」と私は思い、残りの人生を日本から原発をなくすことに賭けようと決心しました。そして、二〇一一年七月に全国の脱原発弁護団が団結するための組織「脱原発弁護団全国連絡会（脱原弁連）」を立ち上げました。それまで各地の原発差止裁判は地元の強力な弁護団で闘われていたのですが、各弁護団同士の横の連絡や協力関係はほとんどありませんでした。敵の電力会社やその弁護団は、電気事業連合会を中心として固く連係しているので、我々が団結してそれに対抗しなくてはいけないのです。何回目かの脱原弁連の例会に板井弁護士が出席しました。それが初対面でした。声と顔の大きな迫力ある弁護士だなあと思いました。いつも東島弁護士と一緒でした。玄海原発差止訴訟の報告は二人でされるのですが、いつも「原告が〇〇人に増えた、第〇次訴訟を提起する。もうすぐ一万人だ」

河合弘之弁護士（左）と板井優弁護士

というような話ばかりでした。ちっとも原発の危険性の技術論や法理論の話をしないのです。それは脱原弁連のなかでも異色でした。私もかなりの異和感を持ちました（あとでそれは誤りだと反省しましたが）。

それからしばらくして板井弁護士が「河合さん、話がある。会おう」と言ってきて東京で会いました。彼はこう言いました。「原発差止の裁判長は皆、単身赴任で侘しい生活をしている。『原発を止めるような判決をしたら、東京や主要都市の裁判所に戻してもらえない』と思っている。そういう裁判長に原発を止めて大丈夫、冷遇されることはないと思ってもらわなければだめだ。そのためには圧倒的な数の原告・支援者で裁判所を囲み、脱原発は民意だというメッセージを発しなければいけない」。それを聴いて私は、玄海原発差止訴訟で超多数の原告を結集させている理由に納得しました。今までは少数精鋭の原告で切り込んで、高度な技術論争を仕掛けるという傾向が強かったのです。

板井弁護士はこうも言いました。「河合さん、一回や二回仮処分で原発止めたってだめなんだよ。ずうっと日本の原発を動かせないような世論、政治状況を作らなきゃ」。一、二回仮処分で原発を止めた私はムッときましたが、「確かにそうだよな」と思ったものです。

またある日、板井弁護士は電話をしてきて「小泉純一郎さんに合わせてほしい」と言いました。私は日本中の脱原発と自然エネルギー推進団体が団結するための「原発ゼロ・自然エネルギー推進連盟（原自連）」を立ち上げ、小泉純一郎元首相に最高顧問になってもらっていたので、板井弁護士はそう言ってきたのです。「何のために？」と聞くと「脱原発運動について提案したいことがある」と答えました。私は小泉氏に話を繋ぎましたが、実を結びませんでした。もっとしつこく頼めばよかったと後悔しています。板井弁護士が小泉氏と組めば、全国的な大きな脱原発の波を作れたかもしれません。彼はそういうスケールの大きな人でした。彼の死は惜しんでも余りあるものがあります。

現在、原発差止訴訟は大きな曲がり角にあります。

大飯原発差止の福井地裁判決、高浜原発差止の福井地裁仮処分決定、大飯原発差止の大津地裁仮処分決定、伊方原発差止の広島高裁仮処分決定二件、大飯原発許可取消の大阪地裁判決、東海第二原発差止の水戸地裁判決など、勝訴判決や勝利の仮処分は時々ありますが、敗訴の方が多いのです。

その原因は、基本的には原子力推進勢力の巻き返しが強く、原発反対勢力が政治的に、世の雰囲気的に押されていることです。そして、裁判的には訴訟において余りに高度・難解な科学・技術論争をしすぎていることです。歴史的な大飯原発差止判決、高浜原発差止仮処分を出した樋口英明裁判長は、今は退官していますが、私にこう言いました。「原発裁判の裁判官には三重苦がある。それは①文系であるから難しい理系の議論は理解が困難　②原則三年で転勤　③多数の事件を抱えて超多忙。そういう裁判官に超高度・難解な技術論争を仕掛けるのが間違い。わざわざ負けに行っている」と。つい最近まで裁判官をやっていた人にこう言われて私の目から鱗が落ちました。私達脱原発弁護士は「裁判官はどんなに高度・難解な科学・技術論争を我々がしても徹底的に記録を読み込み、証言を聞いて正しい理解に到達し、〝神の如くに〟正しい判断をしてくれるはずだ」と、いわば裁判官神話にはまっていたのです。それを元裁判官に否定され、本当に衝撃を受けました。

さらに樋口元裁判長は言いました。「だから分かりやすい、中学生でも分かる論理、すなわち常識、良識で裁判官を説得しなければいけない」。

それは何かと問うと、分かりやすい「樋口理論」を説明してくれました。それは大略以下のようなものです。

①日本は抜群の超地震大国

②だから耐震性が原発にとって最重要

③それにしては日本の原発の基準地震動（耐震設計の基礎。これ以上の振動は来ないはずとされる強さ）は低すぎる。それは時間的、地域的に網羅的な地震記録である強震動測網（K－NET）と比較すれば明ら

か

④よって、日本の原発は止めなければならない

以上の理論を補強するものとして、日本のハウスメーカーのハウスの耐震性（三井ホームの五一一〇ガル、住友林業の三二〇〇ガルなど）の方が原発の耐震性（建物ではなく配管、配線、計器類の）よりずっと高いこと、過去に原発を襲った地震動が基準地震動を超えた事例が一〇年間に五例もあったことなどが挙げられます。

このような樋口理論で差止裁判を戦うことは意義深いものがあります。分かりやすい理論なので住民、支援者も理解しやすく、自分自身の戦いとして捉えることができます。今までは傍聴しても、記録を見ても難しくてよくわからない、弁護士に任せればいいやと思っていたのに、樋口理論だと自分の頭で理解し、論じることができるのです。それだけではありません。原告自身が訴状を書いたりすることがきるのです。原発反対民衆運動に理論的確信を与えます。そして、反原発運動がもっと国民の中に浸透していくでしょう。これこそ板井弁護士が考えていたことではないでしょうか。

私は今、原発訴訟のパラダイムシフト（構造の革新）を仕掛けています。

その手始めとして、広島地裁で第三次伊方原発差止仮処分申立をしました。この申立書は申立人住民らが起案し、私達弁護団や樋口元裁判長がチェックしたものです。これについては、二〇二一年一一月四日に決定が出ました。本当に残念なことに却下決定でした。その内容とそれに対する批判は以下の弁護団声

明を読んでください（一部抜粋及び加筆修正あり）。

弁護団声明

（広島地裁による不当決定を受けて）

2021年（令和3年）11月4日
伊方原発運転差止広島裁判弁護団

1　広島地裁民事第4部（吉岡茂之裁判長、中井沙代裁判官、佐々木悠土裁判官）は、本日、伊方原発3号機運転差止仮処分命令申立事件において、住民らの申立てを却下する決定（以下「本件決定」という。）を出した。

2　本件決定は、まず第一に原子力規制委員会が専門的知見を持って許可をしたのだから、審査基準の合理性及びその適用に過誤欠落がないかを裁判所が事後的に判断することは無理であると述べた。これは、原発について司法がその安全性を判断することを放棄したものであって到底容認できない。

第三に、私たちは、日本国内の地震の精密かつ網羅的な観測記録（K－INET）と比較すると、伊方原発の基準地震動６５０ガルというのはあまりに低すぎると主張した。それに対して、本件決定は、それぞれの地震についての震源特性、伝播特性、増幅特性を詳細に調べて補正・比較しなければならないとした。しかし、そのようなことはおよそ住民側にとって不可能なことであり、不可能事を住民側に押し付けるものである。しかも、四電側でさえそのような精査は一切放棄している。

また、ハウスメーカーのハウスのほうがずっと耐震性が強いこと（例えば三井ホームは５０００ガル以上）及び建築基準法においても１５００ガル程度までが基準地震動になっていることについても、震源特性、伝播特性、増幅特性の精密な分析・補正がないことを理由に、我々の主張をしりぞけた。

我々は、この裁判において、常識に基づいた分かりやすい問題提起をし、判断を求めたにもかかわらず、裁判所は、徒に複雑な科学技術論争を持ち込み、しかも科学技術論争での立証責任を住民側に負わせて我々の主張を退けた。誠に不当な決定である。

我々は、このような違法不当な決定を認めることができない。直ちに広島高裁に即時抗告をする。

以上

さらに、六ヵ所の使用済み核燃料再処理工場差止の本訴があります。これは宗教者（仏教、キリスト教）が起こしたものです。

これらの樋口理論による差止裁判の火をもっともっと大きくして、日本の原発差止裁判を様変わりさせようと考えています。

そもそも考えてみれば、私達が勝った裁判のほとんどが、極めて分かりやすい理由で裁判官が勝たせてくれたものなのです。高度な科学・技術論争の決着として住民側が勝った例はないのです。

東海第二原発を止めた水戸地裁判決「避難計画が不備か、実効性がないという理由だけで原発は危険だから止める」とか、大阪地裁の大飯原発についての「地震の規模の想定に特別の余裕考慮をせよという規則に違反しているから止める」という判決とか、広島高裁の伊方原発について「原発の近くに活断層が疑われているときは特に入念な考慮・調査をしなければならないという規則に違反しているから止める」とかです。

だからこそ終始、分かりやすい理論で裁判を戦うことが重要なのです。板井弁護士が生きていれば、さぞかし「我が意を得たり、それで行こう」と言ってくれただろうと思います。

私は長期間、板井弁護士と濃密な交流があったわけではありません。「君子の交わりは淡きこと水の如し」という諺が当てはまると思います。でも節々での接触が大きな、深い意味があったと今さらながらに思います。それは板井弁護士の骨太な、スケールの大きな構想、闘いの姿勢の発露だったからだと思います。

板井弁護士のご冥福を祈ります。

（弁護士）

「原発なくそう！　九州玄海訴訟」での板井先生の役割

東島　浩幸

一　「原発なくそう！　九州玄海訴訟」（以下「九州玄海訴訟」という）とは？

九州玄海訴訟は、国と九州電力を被告として、九州電力玄海原発のすべての稼働停止などを請求する訴訟です（現在も佐賀地裁に係属中、第一次提訴は二〇一二年一月三一日）。

この訴訟は、3・11の福島第一原発事故の人間生活根こそぎの未曽有の被害を目の当たりにして、原発とは共存できないとの想いから起こしたものです。ご存じのように、同事故の被害は、空間的にも時間的にも甚大で取り返しのつかないものでした。

そこで、故・池永満先生が最初に言い出し、板井優先生を含む私たち九州の弁護士たちは、二〇一一年八月から準備をはじめました。公害訴訟、じん肺訴訟、よみがえれ！　有明訴訟などの経験のある弁護士が多く集まり、最終的に、九州の弁護士を中心として弁護団約一五〇名、常任弁護団四〇名、弁護団共同代表は池永満先生、河西龍太郎先生、板井優先生の三名、幹事長が私・東島、副幹事長・椛島敏雅先生、事務局長が長戸和光先生ということになりました。呼び掛け人の学者も、長谷川照元佐賀大学学長（原子核理論)、原田正純医師(水俣病問題)、宮本憲一氏(滋賀大学元学長、環境経済学)をはじめ、錚々たる顔ぶれで大きく構えることとしました。

二　訴訟方針が決まるまでの議論と板井優先生の役割

裁判後の報告集会で報告する筆者(右隣が板井優)

方針が決まるまで、以下のような議論がありました。

① 玄海原発の一号機のみを対象とするのか、一～四号機すべてを対象とするのか?

② 原発の危険性をどのように捉えるか?(地震、脆性遷移温度、配管…)

③ 原告団の規模を一〇〇〇人規模とするのか、一万人規模とするのか?

などです。

従来、北部九州は地震が他の地方よりは少ないといわれており、どのように危険性を主張するのかが問題となりました。板井優先生は、「危険な原発と危険でない原発があるのか?　そうではない。原発推進側は、日本では絶対に過酷事故は起こらないと言い続けながら、今回の事故を起こした。自然科学を研究費やポストで歪めることもできる」と指摘しました。公害訴訟を長年やってきた先生方も同様の意見でした。そのため、一号機から四号機までのすべての稼働差し止めを求め、過酷事故のみならず通常運転上もふくめてのあらゆる危険性を主張するということになりました。その危険性を考えるポイントとしては、原発事故の被害の裏側の加害構造をきちんととらえるということでした。

また、原告人数については訴訟事務などのこともあり、一〇〇〇名規模で提訴するという意見もありました。しかし、数十年続いた原発推進政策に反する判決を裁判所に自信を持って書いてもらうためには何が必要かという観点を中心に議論しました。その中で、板井優先生などが言っていたのは、「原発訴訟の原告の人々は本来何の人間関係もなかった人たちが集団を作る。そこでは『フクシマ事故の被害（者）に対する共感』をもとに団結するしかない。また、政治信条や思想をもとにすると分裂したり少数派になってしまう」ということでした。また、板井優先生は「こちらのいう科学技術論が正しければ裁判で勝つわけではない。つまり、『正義が勝つのではなく、力ある正義が勝つ』のだ」ということを口を酸っぱく言いました。馬奈木昭雄先生も、「最初に小さく構えたものは後から大きな構えにすることはできない」と言いました。結局、圧倒的な世論を味方に「力ある正義」を実現することが必須であり、一万人原告訴訟を目指すということとなったのです。

三　一万人原告の達成、及び、事実上の単独の弁護団共同代表

私たちは、一七〇四名の第一陣提訴を皮切りに、圧倒的多数の市民・国民とともに闘うとして一万人訴訟を目指しました。各地の原告団の奮闘も大きく、二〇一五年一一月には原告一万人を突破しました（原告は四七都道府県のすべて、及び韓国・イタリア・フランス・スイス）。

また、弁護団の構成でも、共同代表のうち、池永満弁護士が第一回弁論を最後に闘病生活に入り、河西龍太郎弁護士も事実上の引退となり、その後は板井優先生が事実上の唯一の弁護団共同代表として、弁護団を引っ張ってきました。

四　裁判所への佐賀市文化会館などでの弁論開催要求と毎回の意見陳述

板井優先生が言い出したか否かははっきりしませんが、第一回口頭弁論に先立って、原告と弁護団で合わせて四〇〇名くらい詰めかけるのではという予想のもとで、裁判所には「裁判所の建物ではなく、佐賀市文化会館などで弁論を開き、原告の出頭の権利を保障すべきだ」と申し入れをしました。その要求は実現しませんでしたが、進行協議の中で、新規原告がいる限り、毎回一五分の意見陳述を認めるということになりました。それは、3・11事故の被害の実相をリアルに伝え広める場となり、また、様々な立場の人々

の原発から自由になりたいという貴重な意見・体験を広める場にもなっています。

五　能動的に動く原告団、自治体を味方に！

また、板井優先生は、「玄海訴訟でも風船を放射性物質に見立ててどこまで飛ぶかやってみよう」と提案し、「風船プロジェクト」に結実しました。実行委員会を作り、春夏秋冬の四回、玄海原発のすぐ近くから一〇〇〇個の風船を飛ばし、どこに落ちるかを調べました。最も遠くに落ちたのは奈良県(約五〇二㎞)であり、徳島県（約四〇〇㎞）まで七時間で到達したこともわかりました。

また、板井優先生は、「3・11事故で分かったのは立地自治体だけが被害を被るのではない。被害を被る可能性のある自治体は同じように物申せないといけない」ということで、「被害（可能）自治体」という用語を作り出しました。これは、原告団で、玄海町以外の自治体を要請やアンケート、首長要請をしていくことの大きなステップとなりました。

六　解決のための大きな構想

板井優先生は、とにかく「原発から自由になる」という解決のための絵を描いていました。

①　全国の原発差止訴訟が団結すること、

②　３・11事故の被害者の各地訴訟が団結すること、

③　その両者が手を握り、「フクシマを二度と繰り返さない」という社会的合意のための確実な方法＝原発をなくすことを追求すること、

④　小泉元首相、細川護熙元首相、菅元首相などとも連携のはたらきかけをして、脱原発を政治的分野からも促進すること。

などです。原発推進政策を一八〇度転換するところまでいかないと「原発から自由になる」ことができないということだったと思います。

この構想の下に、私たち弁護団は、①脱原発弁護団全国連絡会に参加し、福井地裁の樋口判決を守る裁判（名古屋高裁金沢支部）の弁論には必ず出頭しました。また、②については、最大の原告数を有する「地域を返せ！　生業を返せ！　福島原発訴訟」の第一陣の弁論は、地裁・高裁・最高裁のほぼすべてに参加し、他の千葉訴訟などにもエポックには参加しました。

七　最後に

板井優先生は、このような大きな構想と考え方などで弁護団を引っ張ってこられましたが、二〇一八年

五月の弁論を最後に出席がかなわなくなりました。板井先生の病気療養中も、私などはだいたい半年に一度は入院中の病院やご自宅近くの和菓子屋でお会いし、訴訟の現状を説明しお知恵を借りておりました。

そして、残念なことに二〇二〇年二月に板井優先生がお亡くなりになりました。現在、私たち弁護団は椛島敏雅先生を中心に多くの原告や市民とともに闘っております。

板井先生、ありがとうございました。

（弁護士）

川内原発差し止めのたたかい

森 雅美

私が熊本修習で板井優先生と初めてお会いしてから、三五年以上の時が流れました。お会いした時、先生は既に見上げるような堂々たるお姿でした。自信に満ちたあの笑顔がこんなに早く失われるとは、思いもよらないことでした。

板井先生とは、トンネルじん肺訴訟や原爆症認定訴訟の会議でよくお会いしていましたが、特に頻繁にお会いするようになったのは、川内原発訴訟からです。

川内原発差し止め訴訟の第一回目の訴訟提起をしたのは、二〇一二年五月三〇日です。それから一〇年が経過しました。主張・立証はほぼ尽くし、専門家の証人尋問が二〇二三年中に実施される段階になっています。

裁判前の入廷行進に臨む。中央が森雅美弁護士

二〇一一年三月一一日の、誰にとっても衝撃的であった東日本大震災

とそれに伴う原発事故は、そこに住み、生活し、地域の文化をはぐくんできた人々に、昨日の出来事のように、消えることのない深い傷跡を残したままです。

福島原発事故以前にも、原発の危険性を問う訴訟がいくつも提起されましたが、ごく僅かの例を除き司法は原発を容認してきました。いったん事故が起きた時の生命・身体への被害に加えて、地域、時間を超えた甚大な被害が発生することは、チェルノブイリ原発事故の経験から予想されていたにもかかわらず、安全神話、国策遂行の名のもとに司法は沈黙してきました。

その状況の中で福島原発事故は起こりました。その被害を見て、司法の力で九州の二つの原発をなくそうと考えた弁護士が何人かおられました。その中心的存在が板井先生でした。板井先生は、一万人以上の原告を募って原発の稼働を止めるという壮大な訴訟を企画し、立ち上げたのです。このような発想自体なかなか思いつくものではありません。水俣病訴訟、原爆認定訴訟、ハンセン病訴訟において被害者救済の道を切り開いてこられた板井先生ならではの発想です。

私は、板井先生を中心とした渦の中で呼びかけ人の一人になるよう声をかけられ、弁護団の一員になりました。しかも川内原発訴訟では、板井先生、宮崎の後藤好成先生とともに共同代表となることになりました。

原発は危険極まりないものとの認識はあったものの、具体的に原発を止めるためにどのように主張していけばよいのか、裁判所は何をどう判断するのか、多くの困難な問題がありました。しかし、板井先生の発想のとおり、玄海原発訴訟では一万人の原告が参集し、川内原発訴訟でも三〇〇〇人を越える原告が参集しました。これらの多くの人々の思いが原発を止める力となることは明らかです。

全国各地で原発差し止め訴訟は多数提起されて、現にいくつかの差し止めを認める判決が出ています。しかし、このような多数の原告からなる差し止め訴訟は九州だけでしょう。まさに板井先生の言っておられた「千人の一歩」です。

板井先生は、弁護団会議などで、少なくともこの訴訟において、主張・論点について細かく論ずることはありませんでした。しかし、日本の政治、経済、社会の中で、原発や原発訴訟がどのように位置づけられるのか、この訴訟の方向はどうあるべきかについて、たえず発言されていました。

原発は存在してはならない、予想される最悪の公害の根を断つべし、という信念で未来を見据えられていたに違いありません。

弁護団の楽しみは、期日が終わった後、近くの居酒屋で酒を飲みながら、原発訴訟のことだけでなく、色々なことを語り合うことでした。板井先生は、毎回、この席に参加されました。私だけでなく、若い弁護団員にとっては、貴重な時間だったと思います。水俣病訴訟のこと、川辺川訴訟のことなど、余人の思いつかない広い視野に立った方法論、問題提起など実践に裏付けられた多くの経験談があり、学ぶことの多い時間でした。そして、程よく酔った先生が、少しフラフラしながら鹿児島中央駅に向かうタクシーに乗り、手を振って去っていかれる姿を見送ったものでした。しかし、その姿をもう見ることはかなわず、先生は大きな背中を残して逝ってしまわれました。

板井先生を語るとき、私だけではないと思いますが、まず被害に帰れ、という言葉です。被害を裁判官の心にどう刻み付けるかが最も大事だという思いです。水俣病裁判でのことですが、現地で、被害者の苦しむ姿を見て裁判官が涙を流したという話は印象に残ります。

川内原発訴訟では、東北で甚大な被害を受けた人達の苦痛はいうまでもないことですが、川内原発の近隣住民だけでなく、九州や四国を含めた広い地域に、長期にわたって甚大な被害を及ぼすという事実に、裁判官がきちんと向き合うことが重要です。弁護団の主張が裁判官に、被害に対する想像力を抱かせているかということをもっと考えなければなりません。そのことに加え、板井先生は、国策を問うような裁判では、担当の裁判官に安心して住民の側に立つ判決が書けるよう、後押しをすることが大事だ、ともよく言われました。それはなかなか難しいことですが、それができなければ先には進まないのも事実です。

弁護団は、これまでに多くの書面を出し、原発の危険性を論じてきました。しかし、まだ何か不足しているものがあるという気がします。その不足する何かを私たちに示し続けた大きな存在を失いました。

この大きな喪失感を抱くのは、私だけではないでしょう。多くの闘いに挑まれた先生の毅然たる姿を思い出し、困難な局面にぶつかった時、板井先生であればどう考え、どう発言されるだろうか、と問い続けていかなければならないと思うところです。

（弁護士）

座談会　「千人の一歩」を読み解く

猪飼　隆明
板井　俊介
板井　八重子
中山　裕二

猪飼：早いもので板井さんが亡くなられてからもう二年半になりますね。俊介さんにはお父さんの後を継いで中央法律事務所の所長として休みなく活動され、僕の知るところでは、熊本市の政務調査費の問題だとか御船のバイオマス問題だとか、成果をあげられてきておられる。嬉しいなと思いますが、今日改めて板井さんの弁護士活動としてやってこられたものを振り返りつつ、今後のたたかいのあり方に少しでも話がつながればいいのではないかなと思って今日の座談会に臨みました。

僕が熊本にやってきたのは一九七六年、昭和五一年の四月なんですね。すでに活動している歴史教育者協議会（歴教協）に参加し、翌年に熊本歴史科学研究会（熊本歴科研）という研究組織を立ち上げ、研究者・教育者として熊本の民主的な運動に組織的に関わりはじめたんだけれども、ちょうどその頃に元号の法制化と有事立法の問題が大きな課題になっていて、これら反動法制に反対するという動きを示しはじめてから、共同法律事務所の千場・竹中・松本弁護士さんたちとつながりができるようになって、そこでその翌年に「元号法制化・有事立法などの反動化に反対する学者・文化人・宗教者・医師・法律家の会」という会を結成したのです。これは大阪の黒田知事のとき、その民主府政を支える組織として「五分野の会」がありましたが、それに倣ってつくったんですよね。熊本文化懇話会っていうのが今もありますけれど、その会員の皆さんに案内を送ったところ、三〇〇人くらいの方が応じてくれたんですよ。最初からそんなだった。これはもう僕らびっくりして、その中に例えば画家の宮崎静夫さん、彫刻家の浜田知明さんなんかもおられて、医者では上妻四郎さん、もちろん平田宗男さんも一緒でしたけれども、そういう人たちがワアーっと集まってくれて、だから僕なんか宮崎さんにしても浜田さんにしても、お亡くなりになるまでずっと懇意でしたが、その時以来なんですよ。僕はその「学者・文化人の会」の事務局長になって、千場さんともうひとり歴史学の僕の先輩の森田誠一さんに代表になってもらいました。事務局を共同法律事務所において、そして加藤修くんも事務局の仲間として、憲法講座など創意ある運動を始めているときに、板井さんが弁護士登録してやってこられた、それ以来の付き合いなんですよね。

僕自身は熊本にやってくる時に、実は水俣病についてはとんと何も知らなかった。熊本であらかじめ少しでも知っていたのは、三池なんです。これは僕が高校生の時に生徒会議長をしてましたけれども、その時に安保闘争、六〇年安保があって、その時に樺さんが亡くなるという事件があり、その直後に三池の労働者の久保清さんが、会社が雇った暴力団に殺されるという、ホッパーの前で殺されるという事件があった。これには大ショックを受けて、だから名前もずっと覚えているわけですね。当時、高校の先生の組合にこの問題を、なんでうちの先生たちはあんまり動かないのかと言ったりもしたんだけれども、そういう高校の時の経験があって、それで熊本に来た翌年には三池に調査に行きました。

しかし、水俣病については、千場さんや共同法律事務所の弁護士さん達とつながるようになって初めて知ったのね。だから、八月の集団で行きますね。あれは何て言うのでしたっけ？

俊介：現地調査。

猪飼：あれはいつ頃から始まってましたかね。七八年？　そうか。僕はおそらく最初かその翌年には参加してます。その時に毛髪の水銀値を測ってもらったことがありました。もう裁判は第一次が終わって。

俊介：第二次訴訟でしょう。

猪飼：第二次訴訟が始まってた。そういう時期で少しずついろんなことを知るようになった。三池にしても日窒にしても国策という、国家的な政策のもとで、政府の傾斜生産方式の中で戦後復興を遂げる、そういう国策というのに関わりながら行なわれてくる産業活動というのが、いかにその企業の労働者はもちろん、地域の住民たちに対して企業責任を曖昧にして進められたのか、そういうことをずいぶん感じることができてました。日窒については、「水俣病問題の成立の前提」（水俣病訴訟弁護団『水俣病訴訟弁護団の記録　水俣から未来を見つめて』所収、一九八七年）に書きましたけれども、企業活動の最初から、こういう生産工程をやれば、どういう有害物質が生まれて、それが住民にどういう被害を与えるかもしれないという、パイロット生産をやってない、それを堂々とやってないと企業のトップの連中が言ってるわけね。非常に怒りを覚える事実がたくさんあってね。僕がこの問題に関わった一つの大きな動機づけなんですね。僕自身は大して何の役にも立ってないけど、精神的にはそういう問題があるのです。

こういうたたかいっていうのは、板井さんはよく言ってましたね、被害者が被害者である自らを自覚して、そして最後までたたかうつもりがあるのか、そういう人たちを真ん中にして周辺がまたそれを自分の問題だとして関わるということが出来て展開されるのですが、このことを産業活動そのものの原理的・構造的な問題からも解き起こせるなと思っているのです。そういったものを極めて自覚的に運動として進めていったのが板井さんじゃないかなと、当初に感じた思いはずっと最後まで消えてないですね。これは僕、すごいことだと思うんですよ。ある一時の情熱とかっていうものでなくて、ずっと持続される情熱というのは、ぼくは彼死ぬまでそうだったなということを今思い出してもそう思う。

園田弁護士が何度も書いてますね。弁護士の集団は水俣学校だっていう、あれは寺子屋だと書いてますけれど。問題の本質にいかに迫るか、そしてたたかいの意欲や決意を、お互いに勉強し合って確認していく、そういうものの原点にはこれがあったんじゃないかなと、そういうことをちょっといろいろと思いました。ちょっとしゃべり過ぎましたね。

俊介：水俣の問題が、やっぱり優先生が弁護士としてグッと深く関わる起点になったのは間違いないわけですが、熊大に来てから四年ぐらい学生時代があって、その後、司法試験の勉強で東京に行ったりして、昭和五二年から五四年まで司法修習ですかね。先生がさっきおっしゃった昭和五四年四月から熊本共同法律事務所に入った、ということだと思います。けれど、やっぱり沖縄から出てきた時には、沖縄の基地問題のために力を尽くしていた弁護士さんに非常に憧れを抱いていて、その時、今回も出てくるんですけれど、弟の清志さんという叔父さんがいますが、この人に対して、「知性として存在して活躍することで弱い人を救いたい」みたいなことを言っていたと、その叔父さんから聞きました。けれども、その後の人生を見てみると、決してそれだけではない人生を歩んだということで、やはり水俣病のたたかいの中で、原告さんたち、あるいは、支援の人たちが差別の中で頑張ってるのを見て、これが本物なのではないかというふうに思って、そのことがさらに弁護士を目指す原動力になったんだろうなと思っています。

猪飼：それはよくわかるよね。それは理不尽なものに対する怒りっていうかな、そういったものを覚える経験ていうのがあるかどうかっていうのが、僕は非常に大きいと思うな。

俊介：エピソードとしていいかどうかわからないんですけれども、優先生が幼少のころ、弟（三好叔父）がいじめられた時に、それは許さんと思って仕返しをしたっていう話が出てくるんです。強い者が弱い者をいじめることに対して、それに対して内心で怒るだけじゃなくて、ちゃんと目に見える形で行動してやっておく、そういうのはあったと思いますね。私が弁護士になってからですけれど、弁護士会の総会とかで、必ず何かケンカを売るような意見を言ってましたね。優弁護士が何も言わずに終わるということはほとんどなくて、必ず手を挙げて「あれはけしからん」というような発言をして、聞いている保守系の人たちはみんなムカッときてたと思うんですけれども。でも、それって大事なことだと思うんですよね。みんなに目に見える形で「これはおかしいんじゃないか」ということを必ず言っておくというか、そういう癖はつけてたような気がします。

猪飼：そうね。それは知事の潮谷さんが、「とても単純だ。しかし妥協しない生き方に私を育てた人たちが重なっているから」って言っておられる。これおそらくここが共通しているという意味で、裁判上では敵味方でも、ここで一緒なんだという、こういう点は大事だと思うんですよね。おそらくずっと、板井さんはそういうものを持ち続けたんじゃないかと思いますね。権力におもねることなく、人の生きる一回きりの自分の命を裏切らないという、そういう文章で彼女言ってますけれど。やはりそういうことじゃないかな。

俊介：これは潮谷さんが。

猪飼：潮谷さんがね。そういうことを潮谷さんに思い起こさせてるわけですよ。そういうことだと思いますね。感心しましたね。

俊介：そういう力だと思うんですよね、大事なのは。誰しも、多かれ少なかれいろんな経験をしているはずだと。その中で、実はあの経験が、さっき先生もおっしゃったように、あとからふり返ってみたら、実はあの経験があぁ実はそういうことだったんじゃないのかと、ちゃんとその人の経験とちょっと話をしたうえで、そういうふうに思い起こさせるというか、優先生の話にはそういう迫力がある。

猪飼：そうね。

俊介：そうやって、物事をまじめに考える人を増やすことに気を使っていました。

猪飼：そうね。それはね、僕、板井くんの書いた文章の中に、瀬長亀次郎さんのマイクを握って彼がしゃべっている時に数万人の人がシーンと聞いている。その時、彼はこう言っているんですよね。「私は歴史の中にいる自分に身が震えたことを覚えています」という、歴史の中にいるんだという、これは実感と同時に自らを客観視できてるということですよ。歴史の中にいるという、それを実感できる形で運動を捉えるかどうかっていうのはね、これはなかなか大きいことで、僕はこれを読んで、彼はそういうことを自覚できる、それだけ自分を外から見れるという、それ感心したんですよね。これも後で考えることですけれど、その時に身震いしてるのはおそらく事実なんだろうと思います。なかなか「私は歴史の中にいる」という、なかなか感じませんよ。僕は歴史家だから、絶えず現在と過去というのを行ったり来たりしているわけだけれど、この行ったり来たりというのは、外から自分を見れるという、そういうことで活動できるという、これは大事な話だと思いましたね。

俊介：社会の中で責任を持った立場にいる方でも、そういう感覚で行動できてる人っていうのは、実は少ないんじゃないかと思うんですよね。自分たちがやっていることが、後に世間から評価されて、それがどう映るのかということを冷静に考えてる人は、最近は非常に少ないのかなという印象を持っています。そういう人が増えればまともな議論ができるはずだと思うんですよね、色んなことで。賛成・反対はあるにしても、今の風潮はそもそもまともな話し合いになってないなという感じは受けています。

猪飼：ああ、そう?

俊介：私は、ですね。だから、常々非常にきついなという思いをしています。ただ、優先生の本に書いてることとか見ていて思ったのは、「沖縄にいた時に自分が沖縄の社会の人達に対して抱いた感覚と、本土に出てきてからは、本土の人たちが優しくない、冷たい」と、そういうような感覚を持っていたんじゃないかと、私は思ってるんですね。ただ、そうは言っても、そこでひとりよがりになってもしょうがないので、どういうふうにして、この人らを変えていくのかっていうことを一生懸命考えたのかなと思います。一緒に酒飲んだり、カラオケに歌いに行ったりするのも、その一貫だったのかなと思います。本当は沖縄の歌を歌いたいんだけど、誰も知らないもんだから日本の歌謡曲を一生懸命練習して、因幡晃を一生懸命練習して、知らない人にはそうやって。

猪飼：そうね。そういう感覚は持ったのかも知れんね。それは当時はなおさらだと思うな。しかもパスポートでやって来てて。熊本っていう土地もあると思うな。

俊介：かもしれませんね。

猪飼：意外とよそもんには冷たいですからね。そういうところあるでしょ？

俊介：そうですね。

猪飼：仲間うちでもあまり認めようとしないというか、僕の研究している横井小楠なんていうのはあれだけの優れた人物なんだけども、熊本の人は、あまりいいように言う人少ないもんな。そういうところがずっとあるのね。だから、ここら辺が、僕みたいに大学の教師っていう位置にいるのと、そうでなかったのとの間には、おそらく大きな違いがあったと思いますよ。そういった意味では僕らの実感できないような部分を彼はここで経験している可能性は十分にありますね。

俊介：とくに学生時代はですね。

猪飼：そういうことはそうだろうなと思うな。それがしかし発奮の材料になったというところはあるでしょうから。

俊介：もちろん、そう思います。

猪飼：そんなようなことをちらりとでも。

俊介：私自身は直接はありません。『裁判を住民とともに』を読みながら、私がそう感じたということとです。もちろん、沖縄の歌も好きでしたが、ふだん歌うはずもないような因幡晃を上手に歌うもんだから、どんだけ練習してんのかなあとは思いましたけど。「月の法善寺横丁」も元々好きだったかもしれないけれどですね。いろいろ、そうやって、一般受けって言うか大衆受けにこういうのもちゃんとやるんだと。

猪飼：それはね、僕も感じたことがある。今はなくなってしまったけれど、キャッスルの横の「カリガリ」で、あの時にあそこで、実にハッと思ったことがあった。彼が、突然沖縄の踊りを踊り始めた。すごいなと思ったね。ちょっとした時に途端に沖縄人になるからね。それは沖縄というものの持ってる文化の強さっていうか、それは本当に強く思ったけれど。その時、おもわずしらず迎合的な要素っていうのも見せた、ときにそういうことがありましたね。

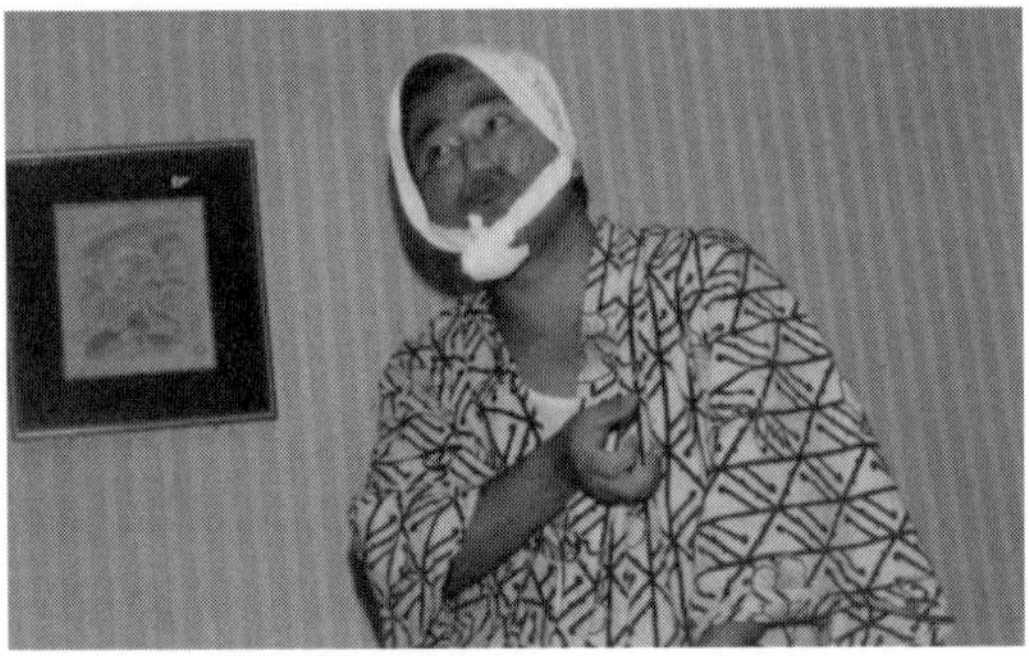

俊介：そうですね。

猪飼：みんなそういうところは少しはあるでしょうけれど、そういうことがあってもやっぱりそれを克服して来たっていうのが強いよね。彼は暴力的なこと、彼が手をふるったっていうのは見たことないんだけど。

俊介：それはないですね。

猪飼：ないでしょ。

俊介：そういうのは本当に理性的だったと思いますね。

猪飼：酒飲んでも怒鳴るでも、そういうのを見たことないし。今の弁護士同士の会議なんかでそういう打ち解けないっていうか、そういうことありますか。

俊介：事務所の話ですか。

猪飼：事務所の中は。

俊介：弁護士同士で話をするときは、ある程度理解はしてもらいますけれど。例えば、議員ですかね、国会のみならず市町村も含めてですね、その人らと話をするときに、なかなか普通の話にならんなと。全然感覚が違って、ていうような思いを持ってるっていうのがさっきの話です。弁護士はある程度、やっぱり社会の中で、目に見えて現れてこないところを目にしてますからですね。そういうこともあるよねって理解してもらいますけれど。

猪飼：議員とか行政っていうのはそんなもんですよ。

俊介：今も昔も一緒ですかね。

猪飼：一緒ですよ。僕はしょっちゅう感じてますよ。何て言うか、特に官僚なんかの場合には責任ある地位にいる時はせいぜい三年でしょ。もうすぐに変わっちゃうし、だからどこまで責任を負った発言をしてくれるのかっていうのは、なかなか難しいですよね。

そこら辺は板井さん、上手なところもあるんですね。ここでのあれだけど、行政でも上のほうとは話ができるわけですが、中間管理職の人たちが難しい。黒沢の『生きる』という映画のように、なるべくことが起こらないようにっていう具合に役人は考えているっていうのがあって、事を起こしたくないわけですよね。

俊介：いま先生が言われたように、権力者側が、特に末端の役人が無責任なことを言って、しかも妥協もしないというようなことがずっと、それはたぶん今も昔も変わらないと。未来もそうだと思われる。それに対して、民間の側がたたかう態勢を整えて問題意識を共有してやるんだと、そういうことを常々態勢を整えることが大事だし、形に残していくことが大事なんだというのは、優先生の中で一貫して貫かれてたと思うんですね。すべての場面、そうだったなと思いますね、やっぱりそれは。

猪飼：僕、感心したのは、裁判官も、彼が裁判官としてどのような判決を出したかっていうのは、彼らのその後の地位に関わっているっていう、考えれば当たり前のことだけれども、そういうことまで配慮したうえで彼らと関わるという。これは僕なんかが高校の時に、三権分立というのを学んだ時に司法の独立というのは、裁判官が世論とかそういったものに左右されない、左右されないためにそれだけの身分保障がおこなわれているんだという教育を受けたわけですね。

ところが実際上は、そういう原理論的な部分というのを遥かに越えて、実際は生身の人として裁判官は存在しているし、生身の人として弁護士もあるいは提訴している被害者のほうも関わるという、そういうことっていうのはあるんだという、実態を知ってもらうことが基本なんだという、あれは僕はやっぱり今までの司法の中途半端な認識ではおそらく出てこないと思いましたね。これは本当に学んだところですよね。

俊介：裁判官との関係でちゃんと考えてあげるということは、これまた徹底していたと思います。弁護士である以上、裁判で闘いを仕掛ける以上は勝利して、そういう形で終わらせなくてはならない。そうすると裁判官を説得するしかないけれども、裁判所は裁判所でいろんなことに悩んでいると、そのことをちゃんと原告側の弁護士が理解してるのかというふうに、裁判官は思うわけですよね。原告側の弁護士は、えらい好き放題言ってるけれども、裁判官にとって、原告側を勝たせることがいかに苦しくて大変なことかちゃんと理解しているんですかと、疑問視されてしまって、この人たちはわかってないなと思われちゃうと良い判決にはつながらないと、そういう考えはあったと思いますね。

一ついま思い出したんですけれど、あれは東日本大震災の後だったですかね、ちょっとはっきりしませんが、要するに、憲法八〇条で裁判官の給料は勝手に減らされないんだということが決まってるわけですけれども、大震災の後に裁判官の給料を減らすっていう時がありましたね。

猪飼：ええっ、そんなことがありましたか。

俊介：全国民的世論として、今この国難のときにみんなで協力せんといかんのだということで、裁判官も給与を減らすという議論があって、その時に、裁判官だけではなく公務員全体で減らすのだからという理屈で、あまり大問題になることなく通っちゃったことがあって。その時に優弁護士は、やはりなぜあの時に大問題だとしてとりあげなかったかと、自由法曹団なり青年法律家協会が。そういうことを色々言ってたことがありました。だからやっぱり裁判官というのは、かなり孤独できつい思いをしている。その人の人生を掛けろと、こちらは仕掛けるわけだから、ちゃんと生身の人間であることを前提とした給料の話はちゃんと支えなくちゃいけないんじゃないか、ということを言ってました。実際、その時は大きなムーブメントにならなかったんですけれど。

猪飼：僕は不勉強でその事実そのものを知らないんだけれど、知らないっていうことはそういうムーブメントにならなかったたっていう問題ね。そうだよね。

僕は、日本の三権分立っていうのは、日本国憲法が成立するのと併せてね、非常に大きな歴史的な成果だと思いますよ。今のアメリカの最高裁の判事が民主党が取るか共和党が取るかっていう、こんなレベルで事が動いているでしょ。それ見てもまるで独立してないことがわかるわけだけど。僕はイギリスにいる時に、イギリスの最高裁判所に訪ねて行ったら、あの頃は最高裁判所っていうのはないんですよ、あれは貴族院なんです。イギリスに最高裁判所ができたのは二〇〇九年なんですよ。それまでは上院、いわゆる貴族院が最高裁なんですよ。つまり三権分立というのは自立してない、できてないんですよ。そういうことから見ると、イギリスは身分制が今でも生きてますからね。いやらしいほどです。それに対してイギリスの人たちはあまり抵抗もしない、抗議もしない。もうびっくりするくらいのものですよ。アスコットの競馬に行ったって、貴族のセクションと庶民のセクションははっきりと区別されている。ロイヤルシートのある目の前が馬の終点で、よそから見ててどの馬が勝ったかわからんのよ。貴族の連中だけが勝敗を目の前で見ることができる。もともと貴族の遊びなのだから仕様がないのだけれど、今もそれが続いているのですね。僕は、直接事務所に行って交渉して、貴族の連中の隣のセクション、つまり一番金を持ってる庶民のシートを手に入れ、ここで彼らをつぶさに見たんだけれど、写真は撮ったらいけない、第一入場する時に写真機は預けなければいけないことになっている。そこでは商談だとかいろんなことが行なわれているからなんですね。普通の庶民は中央からずーっと離れたところで、ビールを飲んで観戦するんですよ。貴族はウィスキーかワインを飲むんだ。そういうのが見事に分かれていて、こんなのに何で文句言わないのかと思うんだけど、ボートレースなんてもっとはっきりしてるんですよ。

俊介：イギリスのボートレース？

猪飼：イギリスのボートレース。アッパーテームズ、つまりテームズ川の上流で行なわれるんだけども、ゴール地点は、貴族のみが入ることを許されるセクションの真ん中にあるんですね。川上のある地点からヨーイ・ドンでレースが始まり、われわれ庶民の前を右から左に川の流れに沿って走り、ずっと通り過ぎてから、その貴族エリアの前のゴールで決着がつくのです。僕は「そこに入らせてくれないか」って言ったら、「オーノー、バッジホルダーオンリー」って言うんですよ。貴族のバッジを付けていない者は入れませんっていうわけね。僕はイギリス人に言うの。「あんたたちはあそこに入れなくて、誰が勝ったかわからんでしょ。そんな所でお酒飲んでて、文句言わないの」って。そしたら彼らは「ずっと昔からこのまだから」って言うんだよ。

そういう点を考えると、日本にとって、敗戦というものの持ってる意味がでかいんですよ。そして、極めて民主的なシステムを作ったわけね。日本国憲法の持ってる意味っていうのはそういうこと。だから、日本国憲法っていうのは、運動して、それを生かすためのたたかいをしなかったら生きないという法なんですよね。それを国民は自覚しないといけないんだけど、まずはそんなものを持ってるっていうのは、とてもとてもすごいことだと思うんだな。だから憲法に基づいて、司法をもってたたかうということは、板井さんも一貫して言ってて、最後に彼と一緒に作った本も、与えられた司法システムの中できちっと勝利する、そうすれば社会的な信用も得られるし、という、ここは僕はそれにずっと固執し続けたことの意味はとても大きいと思う。

僕も、大学時代、いわゆる紛争の真っただ中だったから、日常の上ではシステムを壊す、そういう連中とのたたかいのほうが権力とのたたかいより大きかったんだから、実際のところはね。いつ死ぬかしらんと思って大学に通ってたわけね。僕なんか、封鎖解除の第一の責任者だったからね。京都大学民主化実行委員長って名前がすごいんだけど、要するに封鎖解除の責任者っていうわけですよ。

俊介：猪飼先生が学生の時ですか？

猪飼：学生の時。だから、鉄パイプで殴られるとかね。今も殴られた痕もありますけれども、ここの骨が隆起してますけれど。僕の話はともかく、司法という、きちっとした枠組みの中でたたかうことにこだわり続ける、この水俣病についても、ハンセン病にしても、川辺川にしても、このことが民主主義の発展というか、その内実を豊かにすることにもたらした意味はとても大きいと僕は思うんだよ。

俊介：三権分立に対しては、先生のおっしゃる通りで、やはり特に、これも沖縄の経験があると思うんですよね。沖縄で例えば基地の問題で裁判したってですよ、やっぱり東京の意見に従うわけですからなかなか勝てない。それでも他のところに頼るよりかはまだ裁判所のほうがいいんだと。この『弁護士板井優が遺したもの』という本で、私と中島潤史弁護士も書いてるんですけれど、原爆症裁判のときに、国の役人が、「今の被爆者手帳を持っている人たちを全部原爆症だと認定したら年間三〇〇〇億円かかる」っていう発言をしたことがあって、その時に優先生が立ち上がって「ふざけんな」って叫んだことがありました。あれは何だったかというと、やはり絶大な権力を持っている行政が、たった一人でたたかっている裁判長を脅して行政追随の判決を書かせると、ずっとそうやってやってきてるってことの表れだったわけですよね。その時に、さっきの話じゃないけれども、やっぱり民間の側にいる原告代理人がそんなもんおかしいじゃないかと言って、体を張って頑張ってくれないと、裁判官だって体を張れないよって思ってるから、ああいうことを即座に立ち上がってやらなくちゃいけないと思うんでしょうね。

猪飼：「ふざけんな！」って言ったんだね。

俊介：言いましたね。ものすごい大きな声で。中山さん見てませんでしたかね。私は隣に座ってたんで、びっくりしちゃったんだけど。実はその時はわからなかったですね。何でここまで、怒ってんのかっていうのは、その時はわからなかった。いま考えたら、三権分立がないがしろにされている、それを役人がたまたまその地位にあるだけでそういうことを偉そうに言うわけだけれども、その一回のことがもし成功しちゃったら、我が国の三権分立が骨抜きになってしまうよってというような大変なことなのに、言っている役人本人もそこまで自覚していない、三権分立を壊す行為だということ自体も役人が自覚していないですね。そういうようなことをやっぱり民間の立場で止める必要があった、ということだったと思います。

猪飼：そうだろうな。逆に言えば、こういうことがあったわけでしょ。つまり、裁判で例えば平等だとか、そういったものを示したときに、行政はそれを心配しながらって言っている。これも逆ですよね。

俊介：そうですね。司法と行政は別ですよね。

猪飼：別ですよっていう。何のための判決かという、つまり被害を受けている人たちを救済する、そのためのシステムの問題なんだけど、そういうものとして受け取らない。司法と行政は別なんだという、これはね今のと裏返しなんですよね。

俊介：そうですね。

猪飼：いや、それはそういった意味でも、あそこに咄嗟に出てくるっていうのは、やっぱり大したもんだな。行政の裁判官に対する恫喝っていうのはそうだよな。

俊介：かなりはっきりしてますからね。私の印象では、実際に法廷で国の代理人として立ち上がって発言するのは訟務検事っていいますけど、その発言は、その訟務検事の考えじゃない。国のもっと相当偉い役人が文章を作って発言させてると思います。

猪飼：そうだな。

俊介：そうなんですね。現場の人らはそこまでは考えてないと思います。それはちょっと脅しでしょって、現場の人たちは思うからですね。

猪飼：そうだろうな。

俊介：いつだったかな、それを実感したのが、これも面白かったんですけれど、原爆訴訟で、裁判に普通の訟務検事でない国の役人が出てきて、ものすごく横柄で裁判官を批判する。それに優先生が立ち上がって、「今の発言はおかしい」ということを言った時に、その役人は、指をさして「黙れ！」って、私は優先生が言ってるのかと思いましたけれど、国の役人が「私が発言してる最中だ、黙れ！」とか言って。私は、この人は普通の訟務検事じゃないなと思ったんです。いわゆる訟務検事ではなくて、本当に大臣官房にいるようなやつだと思ったんですね。この役人たちは、本当に裁判官のことなんて何とも思ってないわけですよ。おまえたちは関係ない、黙っとけと。ましてや原告の被害者の弁護士なんかは関係ないから一言もしゃべらせないみたいな感じでですね。そういう雰囲気で行政が成り立ってるんだっていうのをすごく感じて、だからこそ、それが本質なんだから、こちらはなりふり構わずやらないと話にならないということだと、その時も勉強させられました。優先生からですね。

猪飼：しかし、ふざけんなっていう言葉や態度で、弁護士自身が、他の弁護士たちが、「ああ、そうだ」って納得すること、させること、それが大事よね。

俊介：そうですね。あのエピソードを書いたのが私だけじゃなくて中島潤史さんも書いてたっていうことは、それは良かったのではないかと思ってます。

猪飼：なかなか修羅場だよな。

俊介：また、たしか徳田先生だったですかね、徳田先生は、ハンセン病やるまではいろんな医療裁判とか差別の問題とかやったけれども、たくさん原告を集めて法廷で盛り上げてやるっていう集団訴訟をあまりやってきてなかったけれども、ハンセン病訴訟のときに、優弁護士と一緒にやったと。法廷で毎回立ち上がって必ずケンカして、それを原告本人たちに見せて、国の本音も聞かせて、みんなを鼓舞するアジテートするじゃないでしょうけれど、でも、国って本当にそんなひどい扱いするんだよというのは、みんな、思ってませんからですね。

猪飼：そうだよね。

俊介：やっぱり法廷でやりあう中で、向こうがいかにひどいことを言ってるかっていうのを目の前で見せなくちゃ火が点かないと、その毎回の法廷は、実は最大の原告を燃え上がらせる場にしないといけない、ということだと思うんですね。

猪飼：ハンセン病のたたかいの出発点のところでは自治会も含めて非常におぞましかったですもんね。患者自身がそうだったし、熊本で言ったら、むしろ恵楓園の園長のほうがまだ積極的だったですよ。

俊介：行政のほうがですか。

猪飼：そうです。彼はとりわけなかなかの人物で。

八重子：医者です。

猪飼：そうそう。彼はね。それは歴史的にも熊本の恵楓園になる前の九州療養所っていう時もそうだけどね。個人として優れた人間が出てくる、むしろ患者たちがそこで鍛えられる、教えられるのよね。だから今、これは裁判が彼たちを鍛えたとも言えるのだと思うのです。

ハンセン病の場合は、確実にそう言えると思いますね。ハンセン病の問題というのは深刻で、どこが深刻かと言うと、医学とか科学が発達したことが返って差別をつくったといっていい。これは象徴的な事件だと思いますよ。元々は日本では、あるいはヨーロッパでもキリスト教でいうと業病、先代か先々代か、祖先が何らかの罪を犯したから病気になった、あるいは遺伝病なんですよ。つまり容易には伝染しない病気なんですよ。それくらいに緩慢な伝染しか元々しない。だから、日本なんかで言ったら、もともと村の中でちゃんと彼らは病人であってもとことん働いているんですよ。そして倒れた時には村が面倒みてるんです。それが本来なんですが、たまたま村に何人か村を離れて浮浪する者がいるんです。これはもう一％にも満たない。ほとんど、本当はちゃんとしたシステムの中に入っていて保護されていたわけですよ。ところが、ハンセンがこれは伝染病であるということを見つけ、国際ハンセン病学会で報告したわけです。これは科学の発展で大事な点。医学でも大事な点。だから、おおもとを突き詰めればハンセン病は治る病気なのだということ、業病でも遺伝病でもないんだから。ところがらい菌の発見によって、これは伝染するとても怖い病気なんだ、ということを理由にして、彼らは隔離しなければならないという議論が日本で出てくるわけ。つまり、これが彼らの不幸を招くんですよ。僕は本当に医学と科学の発達がかえって彼らを不幸にした—もちろん異常なほどに隔離を主張する人間がいたのですが—と思ってるんだけど。事実は、容易には伝染しない。例えば、リデル・ライト記念館の、リデルが作った回春病院で、病者の世話をしていた人で感染した人は誰もいません。ハンナの姪のライトは一緒に生活していたのですが、染らないんですよ。

ところが感染する病気であるということを利用しようとする人たちがいるのです。ハンセン病者にかかわる最初の法律は、「らい予防に関する件」と言いますが、この最初の法ができた時には内務省の役人のほうが遥かに立派でしっかりしています、政治家や医者よりも。浮浪を余儀なくされた人たちの生活を守る、救済するのが目的に作られた法で、それに基づいて、九州療養所をはじめ、日本に五つのらい療養所が作られるのです。これは差別でも何でもありません。

強制隔離が行なわれたのは、一九四〇年のことであり、戦後になって、日本国憲法ができてから優生保護法でかえって彼らを追い詰めてしまった。それには誰も痛みを感じなかったようなのです、議会も。それ自身が問題なんだけれども、しかし慣れてしまっている、患者たちは慣れてるんですよ。日本国憲法ができた時には大きな期待を示していたんだけれど、もはやこういうもんだと諦めているわけですよ。裁判闘争はそれをそうじゃないんだよと、日本国憲法というものがあなた達の本当の人権も一切を保障してるはずなんだと、国はそれを守らなければならないということをはっきりさせたわけよね。たたかいの中で彼らは鍛えられ自覚していったわけですよ。これが実際なのだと思うのです。当の本人たちが、本人たちをも鍛えることなしには展望は開けないのですね。

しかし、歴史っていうのは単線的に発展するもんじゃない、らせん状にこう行くんだっていうふうにも思ってたんだけど、どうもらせん状でもないんだよね。もっと後退することあるんだよな。一歩前進二歩後退っていうのはあるんだね。日本で言ったらやっぱり長い安倍政権の中で、まるで差別が固定化される。貧富の差が固定化されて、そいつが再生産されるという構造をつくっちゃった。それがもう当たり前だと思ってると批判精神が生まれてこないでしょ。そして政権が長く続いたから国葬にするなんてアホな話はないわけですよ。どれだけの人間に、犠牲を敷いてきたかっていう話なんだけど。

そう考えると、板井さんたちのたたかいが、その自覚のためのたたかいを鼓舞してきたと言えるんでしょうね。

俊介くんもあれだよね、最初にこういう問題に触れたのが例の牛島税理士の訴訟だったと書いていましたよね。

俊介：そうです。

猪飼：牛島さんは僕の税理士で、熊本中小企業家同友会というのをつくる時に、僕は最初から関わって、あそこの教育システムなんていうのは僕たちがつくったんですよ。牛島さんと一緒になって、それに花谷薫くんとかいろんな人たちを加えていって、そして同友会大学というのをつくったわけ。だからずっと深い関わりがあって、それで三月の確定申告の時には、猪飼さんかわいそうにこんな給料でやってるのっていつも言われてた。そんな関係もあって、この訴訟の話も最初からずっと聞いてたわけよ。俊介くんの文章を読んで、へーそうなのか、判例だよとね。判例としての、学問的にはそうなんだよね。

俊介：そうですね。判例百選というのは、実際に先例的な判例が一〇〇個ぐらい載っているわけですけれど、政治的な名称は出てこないですよね。要するに、共産党、社会党の原告が自民党の人たちを相手にたたかった裁判だとは当然書いてません。しかし、実際に南九州税理士会事件のことを深く知ってみたら、そういう構図があるわけで、じゃ他の判決でもいろいろ、全部は調べてませんけれども、いろいろ考えたり調べてみると、やっぱりそういう背景があるんだなということがわかったわけです。大学生の時にそれを感じることができたと。そうするとやっぱり政治では救われない人たちが裁判所に救済を求めて、その時に政治的に救われない人たちの弁護団がやってると、全国的に、それが世の中的には左だと言われている人たちなんだろうなと、そういうふうに思ったということですね。大学一年の時にそれに気づいたと言いますか、そういうことだったですね、あれは。

猪飼：しかも裁判所の中でやるからね。それは臨場感がまるで違うよね、本当に。

俊介：そうなんですよね。あれ大きかったですね。南九州税理士会事件の最高裁判決の時は、久留米の馬奈木昭雄先生の息子さんの厳太郎さんも来てたんですよね。そのとき初めて会って。馬奈木厳太郎さんは、何かもうすごい勉強してる感じで、私なんか全然勉強してないので、話がまったく噛み合わなかったんですけど。

猪飼：しかし、いい経験だよね。

俊介：はい、そうでしたね。

猪飼：ホントホント。裁判所がずいぶん近くなったでしょ、その臨場感を含めて。

俊介：もちろんそれはそうですね。

猪飼：それまで、そういう、つまりお父さんがやられてることについて、家で。

俊介：それは本当にまったく聞いてない。

猪飼：ないでしょう、ねえ。

俊介：水俣病に携わっているっていうことはわかっていましたけれど、やっぱり私は私で水俣では、「水俣病問題はあんまり騒がんでくれ」と思っている人たちの真っただ中にいましたからね。水俣病のことを自分から話をする雰囲気もありませんし。私自身がその子ども達とそういう話をするっていうのは、なかなかようせんだったですもんね。ただ、私は、大学受験のときは、法学部ばっかり受験したんです。そうなんです。だからやっぱりそういう意味では優先生の影響を受けてたんだろうと思うんですが、ちょうど大学一年生のときに、優弁護士から、とにかく（南九州税理士会訴訟の判決に）「来い」だったんですよね。「判決があるから来い」という感じ。一から一〇までこれはどんな事件かなんてものはまったく言わないで、とにかく来いっていうだけの話で、「何の話なの？」って聞いたら「牛島税理士訴訟」だと、世間でいわれるところの南九州税理士会事件だというふうに聞いて。私も、それ百選に載ってるやつだよねって。その時、私が持っていた判例百選に載ってたのは、福岡高裁の負け判決だったんですね。福岡高裁で判決で負けて、それが、その後の私がみた最高裁判決で変わったということです。私が大学三年生ぐらいの時に出た次の版で、それまでの負け判決が勝利判決に変わりました。

猪飼：生々しいよね。そうか。

俊介：そうですね。優先生が言ってたのは、やっぱり闘うんだったら勝たないといけない、わかりやすく目に見える場面で。従って、判決ではやはり勝訴しなくてはならないと。その勝訴したとか、結論のところしかみんな見ないから、それまでの過程の部分は見えないから、やっぱり判決の時は華々しくやる必要もあるし、もし人に何かを伝えるんであれば、勝訴した場面を見せなければならないと。私は、後になって、優弁護士はそういう考えでやってるんだなっていうことがわかった。あの最高裁判決の場面で、わざわざ私を手招いて傍聴席に入れさせたっていうのは、そういう感覚でやったんだろうな、ということがよくわかりました。今の時代、うちの事務所に入る新人弁護士なんかもほとんどいませんので、いかに早い時期に、私どもの事務所が裁判をやって、社会的な事件で勝ってるのかということを、例えば、大学生とか、大学院生とか、もちろん修習生の時に見せる必要があるなと。いま、石黒弁護士と二人でやってる九州大学を相手とした事件なんかでも、石黒弁護士は熊大出身なもんですから熊大の法学部の教授とかとやり取りして、「今度いい判決があるからぜひ見に来ませんか」ということを言って、勝つところを見せられるわけですよね。判決の場面だけですが。でも、それを見た学生とまったくそういうのに触れてない学生とでは、やはり意識も違うでしょうし、なるべくそういうことをするようにはしています。

猪飼：そうだろうね。

俊介：私どもなりの後継者対策というか、そういう感覚でやってますけれど、それは優先生から南九州税理士会事件の成功した判決を見せてもらったことが大きな影響だったんです。

猪飼：そうだよな。ところで熊大からなかなか弁護士が生まれないとか。

俊介：最近は、石黒弁護士も熊大ですし、いま熊本にいる裁判官も熊大の人がいるんですよ、一人、工藤さんていう人ですね。熊大にはロースクールが今なくなっちゃったんですけれども。

猪飼：そうだよね。

俊介：当時、まだロースクールがある時に熊大にいた人の卒業生グループがちょいちょい受かるのと、熊大法学部が中央大学とか神戸大学とかと提携して、熊大の学部生なんだけどロースクールは中央とか神戸に枠がある、というような形で。

猪飼：そうか。

俊介：熊大出身の人には優先生のことは知ってほしいですよね。やっぱり。

猪飼：そうだよね。本当だよね。母校の首里高校での話のなかで、何度も何度も熊本大学というフレーズをしゃべってますよね。沖縄から熊本っていうのはそんなにメジャーではないだろうと思うんだけれども、「私は熊本大学に行って」、そして、「しかも熊本でたたかってて」っていう、これは聞いた人、学生たちからいったらそれなりにインパクトあったと思いますね。

熊本大学は、自分で選択したのではなく、配属されたと、昔から聞いてたの？

俊介：本土に行く直前に熊本に決まったっていう話でしたね。

猪飼：直前に決まったっていう話なんだよね。いい人が来たよね。熊本にとってみても。つまり彼がいたかいないかで、水俣病の問題もここまで行ったかどうかって、本当にまったくそうだと僕は思うよね。八重子さんの功績も大きいけれど。

俊介：弁護団会議が合同の作戦司令部だというのは、まさに運動を広げるための一つの大きなやり方ですよね。菅一雄弁護士が『弁護士板井優が遺したもの』にも書いていました。弁護士が一人だけの弁護団会議だって言って、結局、弁護士は優先生だけがいて、あとは原告と支援がいて、運動する論点を整理して、それを取り巻く運動をどうするかっていうことを共有して議論している。菅さんはそういうのが大好きで、そういう優先生がいいなと思って熊本に来たということなんですけど、やっぱり弁護士と弁護士以外の人にできる壁をいかに取り払うか、これは言葉ではなくてふだんから同じ平場で議論するっていうことなんでしょうね。そうしないと壁は取り除けないと、いくらいろんなことを言っても。

猪飼：こういう弁護士が運動の中心になるというのは、そんな昔はなかったことでしょ。おそらく。

中山：ないです。

猪飼：ないですね。

俊介：沖縄の人たちはそうだったんじゃないですか。沖縄の基地反対闘争をした弁護士さんたちは、まさに法廷ではなくて集会で発言をされてたわけで、それが当たり前だったわけで。

猪飼：そうか。

俊介：それを見てるから、なんかその物足りないなと。優先生はよく、法廷内しか活動しない弁護士のことを「普通の弁護士」って言ってましたけど、「あれは普通の弁護士になり下がった」みたいな話をしてましたけどね。

猪飼：あそう。僕は初めて聞いたな。

俊介：普通の弁護士になっては駄目だと。それもあとからわかったことですけどね。

猪飼：自由法曹団っていうのは、そういうことを最初からめざしてるわけね。

俊介：はい、それはそうだと思います。

猪飼：そうだろうね。そうか。それは面白いね。昔の代言人って言ったらね。代言人っていうのは組織じゃないからね。代わりに言うっていう話だから、代弁するんだけど。弁護もだいたいそういう要素持っているけど、やっぱりそういう歴史的な範ちゅうを超えたわけですよね。明らかに。

俊介：そうですね。

猪飼：今はこういう社会的な問題ていうか、裁判にならない社会的な問題、でも弁護士が果たしている役割っていうのは大きいでしょ。

俊介：と思います。

猪飼：多くの人たちが例えば係争している場合、争っているものの本質はどこにあるのかっていう、こういったものを見極めるっていうのに、弁護士に期待しているっていうのは非常に大きいよね。逆に、そう自覚している弁護士っていうのはどのくらいいるんだろうか。

俊介：いやいや、決して多くないですね。

猪飼：ないでしょう。全体の弁護士から言えばね。

俊介：今の話、非常に重要だと思っていて、結局、司法試験というのは司法試験管理委員会がやって、合格者には最高裁が修習生の地位を与えて教育する。その中で、今まで話してきたような活動が大事だなんていう教育は当然ないわけです。ないので、結局、教育の中ではないけれども、実際にはそういう人たちがいる、存在しているという場面を現に見ない限りは「こういう活動があるんだ」ということはわかんないわけですね、誰にも。でもそれを体現してきたのが自由法曹団の弁護士だったと、私はそう思ってて。となりますと、結局、そういう活動がなくなってしまったら、あるいは減ってしまったら、目に見えないところで減ってしまったら、継承も何も誰もやらないっていうことになりますね、そういうことを。

猪飼：そうだよね。

俊介：やっぱりそういうことだから、やり続けて記録に残し続けるっていうことは、それが現実なんだということを見せる、非常に重要な事なんだと思います。

猪飼：ほんとね。もう運動論的な話はね、だいぶ進んできているので、問題は横の団結というのがどれだけ大きな意味を持ってるかっていうんだけど、その場合に、目の前には意見の違う人たちがたくさんいる。立場の違う人たちがいる。問題は意見が違ったり立場が違ってる人たちをどうやって同じ、同じに戦列に立つかどうかは別にして、同じ目線でものを見れるような位置に来てもらうか、集めることができるかっていうのが、これは非常に大きいでしょうね。

一つだけ、横井小楠を例に話させてください。一八六二－三年という時期は、ちょうど京都が尊王攘夷派が闊歩してて、もうあちこちで殺人(テロ)事件もいろいろ起きている。そういう時に攘夷派と開国派と、さらに将軍と朝廷(天皇)が、一緒のテーブルの上に立って、できればそこに外国の公使も入れて大会議を開こうっていうのです。その意見の立場の違うのを一つのテーブルに付けて、公議、つまり公に議論して、公論を作ろうというのです。とことん議論すれば、公論が生まれるだろうというのですが、それが実現するのは容易ではありません。日本が当代随一の仁義の国になって、世界の「世話役」にならなければならないというのです。つまり必要なのは「仁」なのです。仁義の「仁」です。つまり慈しむという、つまりみんながそれぞれの生き方が大事にされるという、「仁」が肝心なんだと言って、これがここを押さえれば公議は実現し、公論は形成される。その「仁」を行なうに必要なのは、「我」（われ）を捨てること、「私利」を捨てなきゃ駄目だとしつこく主張するのです。福井藩の春嶽が政事総裁職になり、小楠がその顧問として幕政改革を取り組んでいるときの主張なんです。春嶽も賛同して、福井藩を捨てる覚悟までに至るのですが、その条件が整わなくて終わってしまうんだけど、小楠は、そういうことを堂々と議論してたのです。

こんなことを堂々と主張した人は一人もいません。議論が違う、意見が違う者が一つのテーブルに付こうという、そんな人物を熊本は生んでいたのです。僕はそういう点で言うと、まるで違う人間を上手に、場合によったら脅したりなぶらかしたり、いろんなこともあるかもわからんけど、要するに一つのものにまとめ上げてるっていうプロセスがやっぱり運動の中では必要で、やっぱり板井さんは裁判官を味方につけたり行政も味方につけたり、いろんなことをやってきて、そして、本当の根本的な解決に向かうという努力をされたっていうのは、これやっぱり画期的なことだと思うんですよね。そこら辺が今後どういう形で展開できるかということだよね。

八重子：さっき言われた我は、名を捨てるって意味ですか。

猪飼：我（われ）です。われの欲です。我欲、私欲って言います、彼は。

長男・俊介の結婚披露宴にて

八重子：それは、夫が「おのれをむなしうせよ」って、よく言ってたんです。『弁護士板井優が遺したもの』で菅先生がその言葉を書いているんですね。「おのれをむなしうするか」って、その言葉書いてるのは菅先生だけだったんですけれど、その言葉がいま先生が言われた言葉で思い起こすんですけれども、大切なキーワードかなって。

猪飼：彼は、他の弁護士に対する批判をする時の基本的立場はそこですよね。我にこだわってるかこだわってないかっていう、それを彼は一貫して言ってたんですよね。そこだと思いますよ。運動する側あるいはいろいろと主張する側が、このことによって自分がどうなるとか、そういうようなことを当てにする、それが、ことを失敗させる大きな原因になるって、これを小楠はずっと言い続けているんです。「私を捨てなさい」という、これは本当に重要な議論で、運動が信頼されるかどうかにかかわるのですよね。結局、あいつ自分のためにやってるんだっていう具合に言われたら、もうまとまらない。だから、そういう意味では「千人の一歩」っていうのは、実はそういうことについて、つまり信頼関係が横をつなげてるっていうことがなかったらできないと思いますよ。

それともう一つは、「力のある正義」っていうでしょ。力のある正義も大事なんだけど、その前に正義であるという自覚と確信がないといけない。正義というのは一体なんなのかっていう、これは理不尽なものに耐えさせられてる、例えば貧富の懸隔とかもそうなんだけれども、本人にはどうしようもないもの、例えばハンセン病で言えば、彼がハンセン病者として生まれたのは、彼・病人の責任では全くない。ところがそのことをもって差別されるという、ということが当たり前に行なわれた。しかも、彼らは子どもを持っちゃいけないという、優生保護法で、そういうようなことを言われる。つまり、謂れのない差別を受けるという、そこに目を向けるということ、さっきの「仁」と同じなんですよ。小楠の言う「仁」、「仁政」って言う、「仁」のある、つまり慈しみのある政治というのは、そういう人たちの立場に立つか立たないかっていう問題なんですよ。封建社会にあってそういう議論ができるというのはなかなか難しいんだけど、小楠は展開してるんですよ。

それにしても、戦争が一番、弱者をますます塗炭の苦しみに陥れるっていうわけですよ。だから、戦争をさしちゃ駄目だというわけですね。小楠もこう言います。「一発に一万も二万も戦死する」といった戦争は必ずやめさせなければならないと。今のウクライナの問題も含めてだけど、やっぱりつながってきますよ。

八重子：本当にそうですね。

猪飼：ここが彼が様々に活動してきたものから、僕らが受け取って引き継いでいかなきゃならない点じゃないかなと、僕なんか思うんだけどね。

俊介：「千人の一歩」という言葉との関係でも、やっぱり今のことがたぶん本質的なことだなと思います。あんまり私は優先生から「おのれをむなしゅうせえ」と言われたことなかったですけれど、でもやっぱり、人は誰しも特に反対側にいる人、あるいは自分はあんた方とは違うと思っている人が、この人にだまされたり利用されていると他の人から言われるのが嫌なわけですよね。人間というのはどうしてもそういう心情があるから、だまされているのではない、この人は信用できると思ってもらわないと、さっき言った同じ土俵に、公議公論のような話にならないと思います。その出発点が、己を捨てる、そういうことでみなさんから信用してもらうしかない、ということが大事なんだと、それが千人で一歩進む、大きな原動力、基本中の基本なんだということだと思います。

今の熊本の弁護士でいうと、弁護士二〇年目くらい、例えば寺内大介弁護士から下ぐらい、私や中島潤史弁護士、阿部広美弁護士、それから、村山雅則弁護士、菅一雄弁護士、久保田弁護士あたりまでは、優先生と原爆症認定訴訟なんかも一緒にやったり、ノーモア・ミナマタ第一次訴訟もやったんで、わりと政治的にも大変な事件を一緒にそれぞれの先生たちとやった経験があって、感覚として、それぞれ言わんとしていることは理解しているということなんだけど、それ以降の若い人たちは優先生と一緒に事件

やってないんですよね。やってないから、あまり肌感覚と言いますか、直感的なところでは理解がなかなかできない人が多いかもしれません。特に、今うちの事務所にいる高島周平弁護士、石黒大貴弁護士は、まさに一緒にまったく事件やってませんので、だから彼らとの関係で、あるいは、彼らのような年代の弁護士との関係で、いま猪飼先生がおっしゃったような信頼を勝ち取るための我を捨てるんだと、そういうことが出発点だよということを伝えていくしかないんです。しかし、それは私もやっぱり優先生の言葉を聞いたから「ああ、そうだな」と思ったわけじゃなくて、背中を見てそう思ったわけなんでですね。そうしますと、私自身こそが、そうやって生きなくちゃいけないいんだなと、それで伝えていくしかないかなというふうに思っています。

今回、猪飼先生とこの座談会をするにあたって、先ほどの話だけではなくて、やっぱり熊本中央法律事務所が熊本において果たしてきた役割を、どのように理解し、それを今後どう体現していくのかという点を意識的に打ち出すということが、今回の座談会をやる主眼なのではないかということで、私もそのことはよく感じています。

この話は一、二時間で終わる話じゃないんですけれども、私が思ったのは、やっぱり一人のスーパーマンの存在に頼ってはいけないということ。やっぱり人が実際に社会で力を尽くせるのは一〇年か二〇年ぐらいしかない。そうなると、一〇年、二〇年後にそれを引き継いでくれる人材をいかに絶え間なく育てることができるか、ということが大事となります。色んなことを同時並行で手掛けながら、若い人たちに伝えることが非常に大事なことかなと思います。幸い今のところ、事務所の範囲内だけの話ですけれど、高島さんと石黒さんは、特に石黒さんなんかは、技能実習生の問題や、内密出産の話とか、かなりウィングを広げていろんな人と団結してやっています。髙島さんもそういう思いを持っている。そういうスポットライトの当たらない問題で、優先生がやったようなプラットホームになっていろんな人につなぐ、という感覚でやってくれるといいなと思ってるんですね。今後ともそれを引き継ぎたいし、やっぱり熊本の社会的事件がもしあったときには、そこにちゃんと真ん中に立って力が発揮できるような、文字通り中央法律事務所ということで、社会的責任を果たすことがこの事務所の存在意義だということで、私自身もそうですけれども、次の人らにもしっかり伝えたいなと思いました。

猪飼：彼がやったもう一つでね、記録を残すっていうのをね。あれは執念ですね。

俊介：そうですね。

猪飼：そのためにずいぶん無理やりいろんなこと押し付けられましたけれど。

中山：水俣病では記録に残ってる。敢えて言えば我が子。

猪飼：そうか。そうね。それも含めて、やっぱり伝えるっていうのは年が離れれば文字で伝えるしか方法がなかったりしますからね。そういえば、僕が板井さんとやった最後の本作りは、『ノーモア・ミナマター司法による解決のみち』の出版で、日本だけでなくアジアに向けて発信しようと、僕の書斎に、板井さんのほか、北岡秀郎・鳥飼香代子・土肥勲嗣の計五人が定期的に寄り集まって会議をし、会議の後は、きまって「みっちゃん」で一杯やって、そうして二〇一五年に、日本語版のほかに、韓国語版、台湾語版を刊行できたのです。本文は板井・北岡・猪飼の三人が書きましたが、園田昭人弁護士も挨拶の文章を書いてくれました。これも重要なたたかいなんですよね。

俊介：そうなんですよね。

猪飼：誰だったか、たたかいによってたたかう言葉が違うっていう話を書いてましたね。それは本当だと思いますよ。つまり、言葉っていうのはそういう意味を持ってるから、誰だったか、菅さんか。菅さんが新しいたたかいには新しい言葉っていう、板井さんが言ってたって話だっていう、それはそうだと思う。言葉っていうのは、これが次に伝えられる言葉にもなると思いますよ。運動のあり方、たたかいの実相というかな、そういったものの中でつくられる言葉っていうのがやっぱり意味を持つだろうと思いますね。伝えるっていうことの持ってる意味ですね。何となく良い本になりそうじゃないですか。

俊介：ありがとうございます。

猪飼：はい、ご苦労様でした。

ヤナワラバー弁護士が後輩に伝えたいこと!!

弁護士　板井　優

本稿は、故・板井優弁護士が、二〇一一年一二月九日に母校である沖縄県立首里高等学校において、創立一三一周年を記念して行なわれた講演録です。

孫に話をする気持ち

私は、首里高校の二三期ですから、もう四〇年くらい前になります。皆さん方の年齢がたぶん一五歳から一八歳ぐらいで、私は六二歳ですので、孫に話をするような感じもしていますね。

まず、ハイサイ　みなさん　おはようございます。

自己紹介します

生まれは沖縄の那覇市楚辺で、それから那覇市の三原に移って、大道小学校から松川小学校、中学校は真和志中学校で、首里高校入学は一九六五年になります。

卒業が一九六八年で大学は熊本大学に進学しました。当時はまだ米軍占領下にありましたのでパスポートで熊本まで来ました。

当時、みんなで冗談を言っていたんですが、どうして日本人が日本である沖縄からパスポートをもって、また日本である鹿児島県まで行かなきゃならないのか、とそういうことを言って笑っていたことを思い出します。

弁護士になったのは一九七九年ですが、一九七六年に司法試験に受かりまして、熊本で司法修習をいたしました。現在は熊本で弁護士をしています。

うち八年六ヵ月、水俣病の関係で、現地・水俣で水俣法律事務所を開きました。どういうことをしてきたのかということになりますと、最初の頃はほとんど水俣病のことだけで、一七年と六ヵ月、水俣病の解決のためにずっとやってました。

それからハンセン病の問題、川辺川問題なんかに関わるようになって、最近でいうと、トンネルじん肺、原爆症の問題とか、一番新しいところでは、九州で今、原子力発電所を廃止しようという、そういう裁判がおこりましたので、その裁判の共同代表というところを務めています。

それがだいたい私の自己紹介ということで聞いてください。

首里高校時代

私も皆さん方と同じような時期がありまして、高等学校の二年生の時の写真です。これは生徒会長で前列の真ん中が私でありまして、ずいぶん痩せている、同じ人ではないという人もいる。だいたい年を取ると違いが出てくるということで。ちょうどこれは今の運動場と校舎の間のところに、昔、生徒会の事務所があったのがこの前でして。高校時代の話を少しします。

本人：前列中央

先日、首里高等学校のホームページを見ましたら、ちょうど今この所が、昔は運動場だったんですね。そこで、まだ復帰問題で騒がしくて全校の討論会がありまして、そのころは那覇市で開かれる復帰の集会に高校生が三〇〇名くらい来てましたね。首里高等学校からも三〇〇から四〇〇名ぐらいが参加をして、そういう時期の話ですね。

それから、今、不発弾が出て大変なようですが、あそこに前、古い校舎がありまして、私の頃はロの字型になっていましたけど、その中に「ロマンの森」っていう物を造るということで、たしか染色科の末吉安久先生がそういうものを造るんだと言って、自分で絵を描いて、私たち生徒は土方をしたわけですね。運ばれてきた土や砂をずっと山の形にして。最後はそこに木を植えて、ずいぶん時間がかかりましたけど、植えた後は、休み時間にそこでいろいろ話をしたりしてました。

もうその校舎はなくなりましたので、過去の話ということになります。この「ロマンの森」もホームページに載ってました。

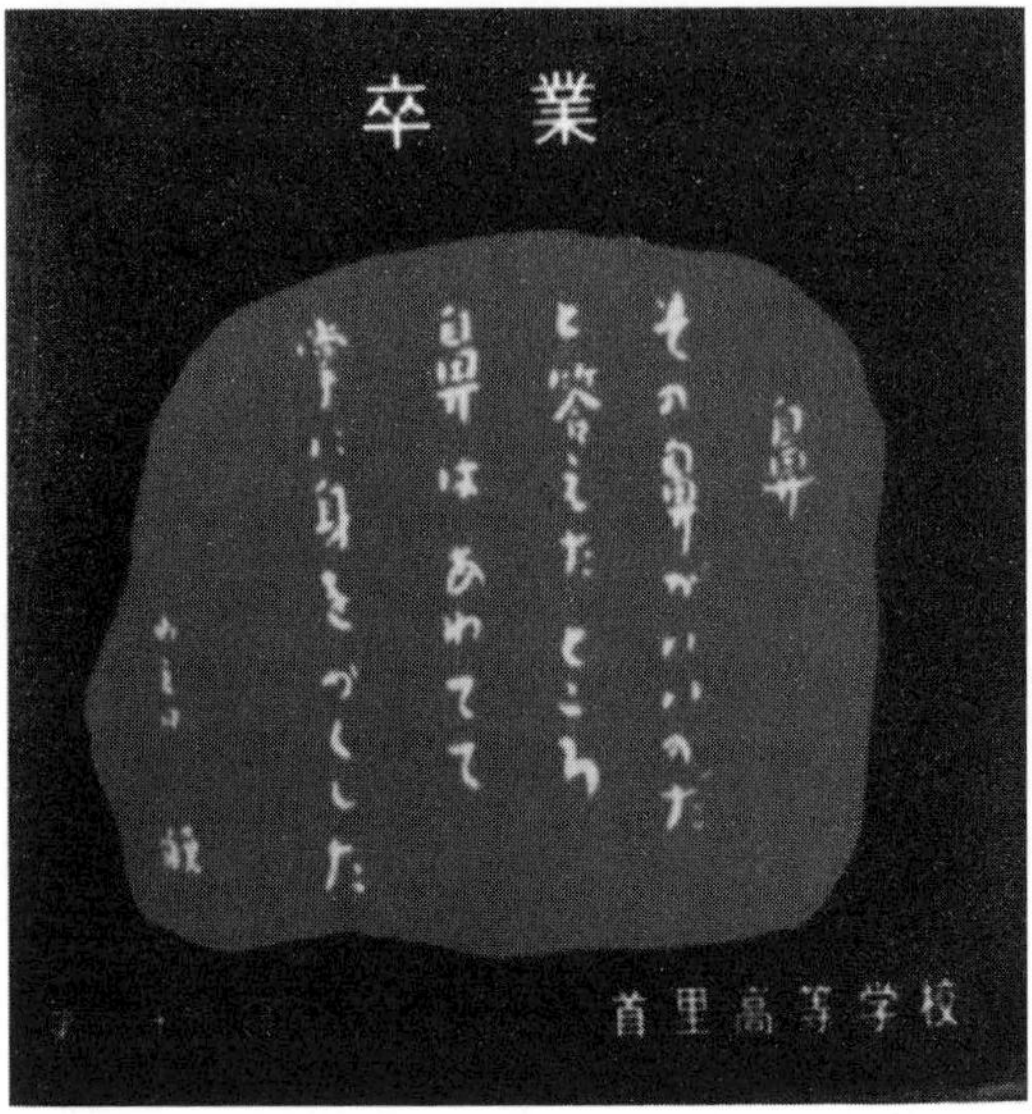

フォノシート

卒業の年にフォノシート、今はCDにしたりするんですけど、当時はレコードのちっこいもので、これでいろいろやってくれということでしたので、私が頼まれたんで、当時の先ほど歌った校歌だとか応援団の歌だとか、いろんなものを入れました。

その中でまた末吉安久先生が、尚温王が「海邦養秀」ということで国学を開いたという、その時以来の歴史なんだということで、ずっとその中で話をしてくれて、ずいぶん前で、私はそのころはただただ応援歌が好きだったので、そういうものを作ろうと一生懸命やりました。

あとで、私の同期の二三期の人たちが、これをＣＤに焼き直して広めてくれた、そういうことで非常によかったなと思っています。

そういう話ばかりしても仕方ないので、ちょっと失敗談、失敗談と言っていいかどうかわかりませんが。

当時の私の頃の校長先生は富原守義さんで、病気で休まれて、そのあとに教育委員会から笠井善徳さんという人が来られて、ちょうど化学の実験の時に、あれは二時間目だったのかな、授業が早く終わって、おなかもすいたので、学校の前のソバ屋に行って一人でそばを食べていたら、突然、笠井校長が現れてにらみつけるものだから困ったなと思って。しようがないから、「先生おいしいですよ。一緒に食べましょう」と、そう言ったら向こうもばつが悪くなったのかいなくなったので、私も早々に退散したんですが、そういうこともありました。

必ずしもまじめな生徒じゃなかったなというふうに思ってます。

ここで出てきた尚温王、これは今、市内の本屋さんで簡単に手に入れることができます。この人が「海邦養秀」ということを言ったのは一五歳です。「海邦養秀」のあの字もご自身で書かれたといわれてますけど、そういう意味ではここにいる今一番若い人たちが一五歳ですから、だいたい高校一年生の頃にこういうものを書いたんだということですね。私は、熊本で、『熊本日日新聞』、ここでいうと『琉球新報』や『沖縄タイムス』のような新聞に私を語るということで連載をしました。その時に「海邦養秀」のことも書きました。尚温王のことも書きました。熊本でいいのかなと思ったんですけど、まあよかろうということでやりました。

そういう意味では、大変な人がこの沖縄で本当に人材を育てるという思いを、わずか一五歳の時に持ったんだと思うと、非常にびっくりするわけですが、そういう人がいました。

新聞に半生記を書いて

それでヤナワラバー弁護士になったわけということで二つありましてですね、私が国を相手にする裁判をずっと勝ち続けたことが、新聞社に言わせると、国の役人のほうが非常にリスペクトしているみたいで、どうも怖がっている、実像はそうでもないよ、ということを話してくれということだったのでした。どうしようかということで、悪ガキ、向こうで悪ガキと言いますね、「ヤナワラバー」、そういうことで書いたほうがよかろうと。

もちろん現実のわたしもずっと「ヤナワラバー」だったのでありまして、小学校の頃は、朝早く起きて近所の庭に行ってブドウだとかイチゴだとか、そういう物をちぎってとって怒られて、私の母親はずっと謝りに行って。

昔はそんなことは当たり前だったのにと、戦前の話をしていたようですが。いずれにせよ、いいことではないので謝りました。そういう意味では本当に「ヤナワラバー」だったんですが、そういうものを題材にしようということでつけたわけです。

これはちょうど『熊本日日新聞』の連載記事を受けて本を作りました。四〇〇ページくらい、一〇〇ページが連載記事の話を、あとは裁判の時に書き溜めたものを書きました。

この中で「あふれる生命がけの正義」ということで、潮谷義子さんという人が本の帯に書いてますけど、この人は今の熊本県知事ではなく前の県知事で、実は私の裁判の相手方なんですね。いずれにせよ何を思ったのか、書いてくれるということでしたので、帯封に書いていただきました。『裁判を住民とともに』というのが、現実に私がしてきたことですから、その通りを書きました。

この本の中で書いてますけど、これも失敗といったほうがいいのかどうかよくわかりませんが、一九六八年の四月一日に、初めて熊本に着きました。熊本市の上熊本に学生寮があるんですが、そこで荷物をおいて、すぐ近くに熊本城があるので、歩いて行って三分なんですね、着いたころは夜七時くらいで真っ暗になってたんですね。そうすると、道の側でガサガサ音がするもんだから、なんだろうと思って近寄ってみたら、道の側でごはんを食べている人がいるんですね。

私は非常にびっくりしてですね、学生寮に帰って内田松江さんという寮母さんに「熊本はすごく貧しい人が、道の側でごはんを食べている人がいる」と、こういう話をしたら笑われまして、あれは夜桜見物をしている人だと、むしろ金持ちの人だという話になって、そういう感覚がなかったもんですから、びっくりしたんです。

当時は夜桜見物もなかなか電気のない時代で、あることはあるんですけども、なかなか暗くてよくわからなくて、非常に失礼なことを思ったと、そういうことも書いてあります。

水俣市桜井町に開設した水俣法律事務所

水俣病裁判のこと

私のやってきた裁判ですが、先ほど水俣病だとか川辺川のダム問題だとか、ハンセン病だとか、南九州税理士会政治献金（牛島税理士）事件というのは、これは司法試験の問題にも出たんですけど、こういうことをしてきました。

どういうふうなことかというと、私は一番最初、水俣病で、先ほど一七年と六ヵ月と言ったんですけど、本当に長くかかったんですが、その内八年と六ヵ月、現地・水俣に事務所を移してやりました。なかなか簡単には解決できない、そういう問題でしたけど、その時にいろいろなことを勉強させていただいて、後のいろんなハンセン病の裁判とかいろんなことにずいぶん役に立ちました。

先ほど言った「最も困難なところに最も良い仕事がある」という

言葉は、私も先輩の弁護士からもらった、ちょうど水俣に行ったときにもらった言葉なんです。

本当に大変で、実は水俣に行ったというのは、好きこのんで行ったわけじゃなくて、水俣病問題を解決するためにまず地元のいろんな人たちがうって一丸となって解決したい、解決してもらうということが条件ですので、そのために行きました。市長さんだとか議員さんたちだとか、ずいぶんいろいろ付き合っていろんな話もしました。

ただ、水俣にいればいいというものでもないので、同時に東京にも行きまして、国会だとか、当時の首相ですとか、熊本出身の細川護熙さんという人が内閣総理大臣でしたから、その人にも会いに行って、首相官邸にも何回か行きましたけど、とにかく解決をしてくださいということでずいぶん努力をしました。

ハンセン病の裁判

ハンセン病のことは、実はハンセン病療養所も沖縄に二つ、名護と宮古にあります。熊本にも一つ、日本で一番大きなハンセン病療養所菊池恵楓園というのがあるんですが、そこでちょうど水俣病問題が終わったころにこの問題を知りました。

大変びっくりしました。当時、九州・沖縄の弁護士が一四〇名ぐらい集まって弁護団を結成したんですが、沖縄のある先輩弁護士から電話がかかりまして、自分が高等学校の頃、戦前の制度の高等学校だったんですが、一緒に勉強していた人がこの病気を発症してすぐ連れていかれたと、園の中に連れていかれて、それ以来会ってもいないと、そういう話で相当どうしていいかわからない状態だったんですね。たまたま私は水俣病裁判していて、そういうことは普通なら病気が治ったら帰ってくるのに帰ってこないと、これは非常にびっくりするんですよね。一生涯閉じ込めるんですよね。

本当に、骨になっても出てこれないと。園の中では自分の名前も使わないんですね。

私は失敗をしまして、私の家内の父親の出身地、大分でも同じような人がいて、菊池恵楓園に入っているんだという話をしましたので、菊池恵楓園に入っている人に聞きました。そういうことで「大分から来た人いませんか」って言ったら笑われました。園の中で本名を名乗る人は誰もいないという、どこから来たかも誰も言わないと、だからその人が誰なのか誰もわからないと、死んでもわからないんだと。

園は厚い壁で囲われて、中には「望郷の丘」っていうのがあって、壁の外側を見る丘があるんですね。そこで一生涯過ごして死んでも園の中で葬式して火葬されて、そこで無縁仏としてまつられるんだと。本当に病気ならば、そういうことをするのはおかしいわけで、これも菊池恵楓園のある熊本で裁判しようということで、有志の弁護士に呼び掛けて結果的に熊本で裁判をすることになりました。

水俣で

水俣法律事務所開設祝いで舞う故・杉本栄子氏

これは私がちょうど水俣に事務所をつくった時の開設祝いで、踊っている人は水俣病の患者さんですね。リハビリのために踊っているんですね。行ったときに非常に喜んでくれて、杉本栄子さんという人で、もう亡くなりましたけど、その人が喜んでいろいろしてくれました。そういうことがあったから、ずっとやれたのかなと思ってます。

みなさんも水俣病のことは知っていると思うんですが、チッソという会社の工場がメチル水銀を流して、そのために大変多くの人たち、当初は裁判は一一四名でしたけど、現在の段階では二万人以上の人が裁判をして、さらには数万の人が手を挙げているんですけど、大変なことです。

メチル水銀というのはどういうものか知っているかというと、これはにおいも何もないんです。常温で蒸発します。研究をしていた人がいて訪ねて行ったときに、「おまえもメチル水銀を吸わないとだめじゃないか」と言われて、ビンをもって来られて嗅がされたんですね。これはちょっとと思ったんですけど、少量でも危ないですからね。そういうこともありました。

初期に一緒にやっていたKさんという、当時ある大学の教授をしましたが、この人は独身のままずっと過ごして、胎児性の患者さんを生む可能性があるので怖いんですね。ずっと独身でしたね。

ハンセン病国賠訴訟第２陣提訴（熊本地裁・一番左が板井優）

これはハンセン病の裁判で解決の時、法廷に入る様子です。みなさん、誤解があるといけないので、ハンセン病の方で手足の指の先がないという人がいます。それはハンセン病ではありません。

実はあれは、ちょうど戦争をしていた頃に食糧が足りなくなったので、自分たちで食糧を作りなさいということで、自分たちで食糧を作るんです。土いじりをする。そうすると、手の先から細菌が入ってきます。普通でしたら、神経が通っているので危ないというので、体が守ってくれるんですね。だからちゃんと手を洗ったりいろんなことをします。でも神経が通っていないもんだから、手が腐ってもわからない。腐って初めて園の中のお医者さんにいう。当時、これは皆さんには刺激的であまり言いたくはないんですが、どうしたかというとハサミで切ったっていうんですね、その患部を。

そういう形で「治療」と称してやったらしいんですけれど。知らない人はそれをハンセン病と思ってしまう。実は大変な人権侵害が中でおこなわれていると、この人達の中にもかなりそういう人がいます。裁判をしたときには、みんな園で使う名前で裁判をしました。本名は誰も使っていません。

熊本地裁門前での原告団集会

川辺川利水訴訟

これは川辺川利水訴訟で、熊本地方裁判所の前です。皆さんは熊本というと一つのところだと思ってますが、実は人吉・球磨地方というのは相良藩で、昔は全く別の藩ですね。今、熊本としてよく知られている所は細川藩、もう一つ天草のほうは天領なんです。

天領というとどういうどこかというと長崎から島原・天草という一つの地域なんですね。だから、文化圏が全く違うわけなんです。だから、今の熊本は三つの地域から成り立っている。

これ（川辺川ダムの問題）は人吉地方の農民の方々の問題で、ダムの水を使うと一〇〇年に一回の干ばつに耐えられるようにということで

川辺川現地調査での基調報告

（あ、ダムの水を使わないとですね）作られるのですが、ダムの水を使うと一〇年に一回は確実に干ばつに遭うという不思議なことが起きる。農民の人たちは、ダムを欲しくなかったんですが、とにかくおまえらも協力しろと言われてやってる。

それから後は、やっぱりこれは自分たちのためにならんということで裁判を起こしました。

裁判は現在の問題

裁判はどのように進められるのかということがあります。

みなさんはたぶん、理屈を一生懸命言ってるんだろうなと思うと思います。もちろん理屈は弁護士ですから言います。いろんな本やいろんなものを引いて言います。ただ、皆さん、ちょっと誤解があると思うので、少し言っておきます。私がいろんな裁判した時に、学者の人たちに聞きます。皆さん一〇〇%確実に言います。「その裁判は負けます」と。

なぜかと言うと、学者や研究者の人たちは過去の裁判の事例を研究しているわけですね。私たちが直面するのは、現在なんです。過去の事件では解決できない現在の問題をどうしようかと考えるわけです。そうすると、それを学者に相談すると、「過去の事例から見て負けます」と必ず言われるんです。「勝ちます」と言った人はひとりもいなかったですね。

だからそういう意味では、結局、裁判所というところをどういうふうに変えていくのか、ということが一番大きなテーマになるわけです。それで、今の仕組みの中では、こんなに困っているんだよ、そんなに被害があって大変だと、どこにも救う仕組みがないんだ、という話をします。

そういう意味で、事実をもっと見ること、事実をもっと知るということ、さらに事実をと、いろんなことをやっています。

水俣病の裁判で

その中の一つに水俣病の胎児性の患者さん。

この人を当時の裁判長の相良さんという人に見てもらいました。自宅まで連れて行って会わせました。そしたら、まったく「あー」「うー」としか言えない人だったんですが、この人女性の患者さんだったんですけど、この人にメンスがあるということでですね、その方とちょうど同じ歳の裁判官、右陪席の人なんですけど、この人が女性裁判官だったんですけど涙してて、自分と同じ歳の人がそういう目に遭っていることに。そして、その人が翌日、水俣湾の検証の時に、「今日の雨のように僕の心の中にも雨が降っている」、こういうふうに裁判長が言ってるんですね。ご飯を食べ始めたと。みんなきょとんとしてて、何があったんだろうかということで。要するに、本当に被害に直面して、自分がどうすればいいかということを考えざるを得なくなったと。

結局、私たちがやってきたのは、そういうことを法廷の方につたえて解決の方向を示す、そういうやり方をいろんな時点でそうしてやってきました。

その結果として、勝訴判決が出て、さらに早く解決をするという、こういうことをしてきたわけです。

伝えたいことは

これからは、皆さんに伝えたいことです。これまでは、ヤナワラバー弁護士とは何であるかということについて、少しお話ししました。ここはいろいろ考えました。何を伝えたらいいのかと。もう四〇以上も歳の違った人たちに向かって、どうかと言われてもなかなか難しいので、どういう話を今日はしようかなと思って非常に迷いました。

本当に正直なところ迷ったのですが、しかし、私がしてきたことを率直に伝えて、あとはみなさん方がどう受け止めるかという話だろうと思いますので、そういう話を少しさせていただきます。

沖縄に誇りを

先ほど時間ではあと三〇分ありましたので、もう少しあるかと思います。一つは沖縄に生まれたことを大きく誇りを持ってくださいということです。

みなさん、水俣病問題の解決に大きく関与していたのは沖縄の人たちなんです。びっくりしたと思いますよね。えっと。本土で起こっている大きな公害問題、実は沖縄の人たちはずいぶん関与している、ということを知って、本当にびっくりしたと思います。熊本大学の医学部で精神科、昭和三〇年代、水俣病が発症した頃、その頃に一生懸命頑張って、水俣病問題の解決に努めた人、その人に立津政順さん、旧姓・花城さんという人ですが、この人も沖縄の人です。

この人のお弟子さんに原田正純さんという、鹿児島出身のお医者さんがいます。今、水俣病問題でよく登場する人ですね。そのひとのお弟子さんで、藤野糺さんという人がいますけど、その人は山口県の出身ですけど、しかし、おおもとを作った人は沖縄出身の人です。

私もそうなんですが、まったく無関係なところで沖縄の人が頑張っているわけじゃないよって、いろんなところでちゃんとそれなりの役割を果たしているということを、ぜひ皆さんに知っていただきたいと思います。えー、水俣病、ウチナンチュがやってたんだと思ったかもしれませんが、本当なんです。

人権感覚を

もう一つは人権感覚をすごく磨いてください。「人を人として接する」能力ということを、ぜひ切磋琢磨して作っていただきたい。

私が中学生一年生の時に、ちょうど上田の中学の、当時、私と同じ一年生だった国場秀夫君というのが、今は国道58号線、昔は国道1号線といわれてハイウェイナンバーワンと言っていたんですけど、そこを渡る時に、青信号で横断歩道を渡る時に、米軍のトレーラーに轢き殺されたんですね。誰が考えても有罪に決まっています。ところが、五月の段階、私たちが中学校の二年生だった頃に、アメリカの軍事法廷で判決が出ました。無罪でした。

この無罪という理由がふるっているんですよね。「ちょうど夕方で夕日が信号に当たってよく見えなかった。前を人が歩いているのは見えた。しかし、自分は青信号だと思ったんで車を走らせたんだ」とこう言ってるわけです。

でも、信号は関係ないはずなんですね、人が歩いていたんだから。車はやっぱり動かしたらいかんですよ、死ぬんだから。しかし、「不可抗力」ということで当時の軍事法廷では無罪になりました。私たちはこれにものすごく怒り狂って、これ絶対許せんと、やっぱり米軍はウチナンチュを同じ人間とは見てないと、これが非常に怒り狂った最大の理由です。

当時、私と同じ年頃の人たちはみんなそう思ったし、昔あった全国高等学校弁論大会で、全国で優勝した私と同期の中今哲さんという人が、この問題を取り上げています。そういう意味では私たちがどういうふうに人間の問題を考えるんだということで、非常に大変重要な出来事でした。

ここで、鎌倉孝幸さんの「実践」ということば。彼は熊本県で最後は地域振興部長ということで辞められた方ですが、途中、水俣で水俣病問題、熊本県は解決しなきゃならんということで、彼が責任者で行なって、いろんな行事をしました。その時に、私は後で、その鎌倉さんという人は川辺川のダムの問題でずいぶん仲良くなっていろんな話を聞いたんですが、彼にこんな話があったというんですね。

胎児性水俣病患者、これは重症じゃなくて軽症の方ですね。水俣病と認定されてしょっちゅうパチンコに行っていると。これに対して「いいなあ」と。「水俣病になると毎日パチンコができて」と、こういうことを言っている方がいたと。もちろん水俣病患者さんに何かしてあげようということではない。そしたら、その鎌倉さんという人は、県庁の職員だったんですが、直接その人のところに行って、こういう話をしたそうです。「あなたの子供が、もし、こういうふうに水俣病になって、しかもよく働くことができない。チッソからお金がくると、そのお金の使い道に困るということでパチンコをしたと、そういうことを責められるのか」と。「水俣病になったらパチンコができるからいいなということで、あなたは自分の子供にそういうことを言えるのか」と、そういうふうに話をしたそうです。その人はわが身の問題と考えると、不謹慎な発言だったということで、それから後はそういうことは言わなくなったということです。なかなかおもしろい切り口でものをいう人だな、というふうに思ったんです。

先ほどから言っているハンセン病の裁判でのことですが、ちょうど裁判が始まって、第一回の口頭弁論というのがあるんですが、その時、私も含めて三名の弁護士、福岡の八尋光秀さんと、大分の徳田靖之さんという人と三名で話をしました。私は、とにかく被害をちゃんと見なさいと。直接現場に行って、ハンセン病の患者に会って、その話を聞きなさいと。それからとにかく早く解決することが大事だから三年で解決をしなさいと。「石の上にも三年」という言葉を使ったんですが。そういうことはずっと水俣病をやっている時にも「本当に被害をちゃんと見なきゃいかんよ」と、こういう話をして、その締めくくりのことばで次のようなことを言いました。

「私は国に言いたい。その足で行き、その目で見、その耳で聞けと。同じ人間と思うのであれば、その苦しみをわがこととして知るであろう」と。

本当にハンセン病の人たちの話は、非常にびっくりする話ばかりだったんですが、一番最初に私がハンセン病に取り組むということで菊池恵楓園に行きました。その時に志村康さんと一緒に園のあちこちを訪ねたんです。帰ってから後で、そこの園長さんが何を思ったのか、「物売りと弁護士は早く出ていけ」って紙を貼って回ったっていうんですね。

なんだ、これは、厚生省の人は、と思ったんです。非常にひどい話で、裁判に負けそうになったら、堂々と当時の政府の役人が法廷で「もし裁判に負けたら全国の患者さんは園から出てもらいます」というわけです。だって、生活の術がない人達ですよ。閉じ込められて四〇年くらい経っている。もう外で生活なんてできない。そういう人を裁判に勝ったら叩き出すと、そういうことを平気で言ったわけです。そしたらその時の裁判長が非常におもしろいことを言ったんです。叩き出すといった人に対して、「あなたは本当にそう思っているんですか」って、さすがに裁判所ではそうは言えないから「いや、自分は違います」と。「裁判を受ける権利を知っていますか」と。「裁判を受ける権利っていうのは、裁判を受けたことによって不利益になることはないという、そういう権利なんじゃないんですか。なのに、あなた方は裁判した人に向かって、『園の外に叩き出す』とか、どうしてそういうことが言えるのか」って言いました。そういう意味では、まだまだこの問題は簡単には解決しなかったんですが、熊本地方裁判所で判決が出ました。

その時、私、初めて意味がわかったんですが、当時、全国で五〇〇〇人くらいの人たちが園で一三ヵ所に入っており、国に控訴させないためにも多くの人たちが追加提訴をしようということで、菊池恵楓園に行きました。話をしました。そしたら、「自分は裁判はしたくないけれど、そういう人たちが続々手を挙げる」って、こういうことを言ったんですね。「判決を聞いて自分たちは解放されたと思った」と。でも控訴されると判決文がまた元の紙切れに戻ってしまうと、そうはさせたくないということで、だいたい一〇〇〇人の人が一〇日間くらいで、全国で追加提訴をしました。大変なことだと思うんですね。

だから、そういう意味では、本当に人間として扱ってほしいという気持ちは、多くの人たちが本当に持っているんだなというふうに思いました。

それからもう一つ、これも大事なことなんですが、「力ある正義を実現してください」と。よく正義だから勝つのは当然という人がいます。裁判の時よく言われるんですね。私どもは全然当然と思ってないんです。なぜならば、裁判の相手方の人も自分も正義だと思っている。

正義というのはだいたい対立しているんですよね。だから、正義ということではなくて、本当に圧倒的多数の支持を得ること、これは「力ある正義」というふうに私たちは呼んでいるんですが、そういうことが実は非常に大事なことだと思います。

自分だけひとりよがりに正義をかざしてもしようがないわけで、本当にみんなと一緒になって、こういうふうに解決をしたいということを言うことが大事なことなんじゃないかと思います。

私が皆さん方と同じぐらいの歳で、高等学校の一年生の時、社会クラブに入りまして、伊江島に研究旅行に行きました。ヒッチハイクでずっと本部半島に行ったんですが、それから船に乗って伊江島に行って。伊江島は当時、沖縄戦の時の従軍記者・アニーパイルがそこで戦死をするということがあって大変よく知られたんですが、それだけでなくて、もう一回朝鮮戦争の頃に再度基地を作るという話があった所です。その時に村長さんが「自分は反対だ」といったわけですね。「ああそうですか」と言ってわざわざ那覇に行って「反対だ」といったんですね。米軍が行ってすぐつかまえて、ヘリコプターでそのまま伊江島に戻って。それくらいならいいんですけど、今度は米軍が自分の家に入ってきたんで、けしからんと言ったら、またぐるぐる巻きにされて、そのままヘリコプターで那覇の町まで連れていかれて、そのまま放っておかれた。もうびっくりするですよね。そういうことされたら、今でもびっくりするけど、あの頃の時代にそんなことされたら、生きていけるのかしら、というくらいびっくりしただろうと思うんですけど。

そういうことがあった所で、そこに行って研究しましょうということで。当時、戦いの中心になっている阿波根昌鴻さんという人がいまして、この人はそのころ作られた映画「沖縄」を見ますと、その中にも出てきました。夜はそういう土地取り上げに反対する人たちを米軍が呼び出して、銃を持った兵士で取り囲んで「どういうことなのか」と言ってずいぶんつめられたということですね。

その時に、交渉という言葉を使っていましたけど、「巨大な米軍と交渉するときは、抵抗の意志ありとして発砲されないためにも、手拳は耳より上にあげてはいけない。理はこっちにあるんだから、時間をかけてじっくりたたかっていけば、いつか必ず勝つ」と言ってました。

私は一五歳ぐらいでしたかね。非常にびっくりしたんですね。よくやるなと思ったのが、率直なところですね。非常にびっくりしたというのを覚えています。

人が作った仕組みは

こういういろんな裁判の時に、いつも思っていたのですが、「人が作った仕組みというのは、必ず人が変えることができる」ということがずっと思ってきたことです。どういう仕組みでも所詮は人が作ったもので、人間同士の約束みたいなものですから、その約束事があまり多くの利害と一致しないということになれば、また別のルールを作るというだけのことなんだろうと思うので、それが私が皆さん方に一番言いたいことです。

伝えること

今までいくつかの話をしてきましたが、たぶん、私の話したことが、皆さん方に伝わったかどうかわかりませんが、新聞などでいつか見ると思います。裁判に勝つのだから、ものすごいことをしているんだろうな、というふうに思うと思います。決してそうではないんですね。もちろん先ほども言いましたように、弁護士ですから理屈はちゃんと言っとかんといかんから、一応言いますけど、ただ、弁護士が一番しなければいかんのは、生の事実を裁判所にちゃんと伝えること、ということです。

そのためには、一番困っている人達との信頼関係が問題になるんで、その人たちと日ごろからちゃんと話をして、どうしたらいいのかということをちゃんと聞いて、その思いを、事実を裁判所にちゃんと伝える、そのことが大事なんです。絶対に観念論はしないで。

もちろん本を読めば書いてあります。だけど、すぐわかりますよね。皆さん方も勉強するようになるとすぐわかりますけど、本に書いてあることはだいたい五年より前のことなんですね。今、現に困っている現実のことは書いてないんです。

今、どうしたらいいかってことをいろいろ本で調べても書いていません。だから私たち弁護士の仕事は、現場の声を裁判所に伝え、そしてそれが裁判所で判断されて、それが歴史に残っていく、そういう作業をしている、というふうに思っています。そういう作業をしている弁護士の中に皆さん方の先輩がいるんだということをよく知っていただきたいな、というふうに思っています。

おわりに

若干時間があるんですが、(スライドを指して) これは先ほど言った国場秀夫さん、国場君事件。この人たちはちょうど現場検証ですね。当時の沖縄の警察官と米軍関係者、そういう状況ですね。(次のスライドを指して) これは、実は水俣病の問題で、なかなか解決をしない。どうも日本の政府は外圧がないといかんということで、国連に要請に行きましょうと、ニューヨークに行きましょうと言って、人権救済申し立てをするというので、ニューヨークやワシントンに行きました。その時に、水俣出発の時の壮行会、その時の状況です。

もちろん、ニューヨークに行っただけじゃないんですよ。ギリシャに行きました。これは世界科学者連盟というところが、公害環境問題のシンポジウムを取り組

国連への「人権救済」要請行動出発式（成田空港）

セントラルパーク前で水俣病について通行人に訴える

んでいて、その時に行って、もちろん英語で報告をいたしました。一〇日くらいいましたので、パルテノン神殿、その頃アテネでは酸性雨が降って、パルテノン神殿が溶けるということで、このほとんどの材質は石灰岩ですから溶けると大騒ぎをしていて、そしてアテネの町は今日は車のナンバーの偶数の車が入ってよい日と、翌日は奇数の車入ってよい日と、車両の制限をしていたんですね。それぐらい、車の排気ガスでこのままいくとパルテノン神殿が溶けると大騒ぎをしていて、ちょうどその頃だったですね。

これは一九九二年ですからずいぶん昔です。（スライドを指して）ブラジルのリオデジャネイロで第三回国連の人権環境会議があった時ですが、その前にアマゾン川流域で水銀汚染が起きたということで、アマゾン川に支流のタバジョス川という所、そこで現地の人たちと交流していた時の写真。

これがなぜ問題になっていたかというと、皆さんはガリンペイロと言って金堀り人、川に砂金がいっぱいあるもんだから、砂金を砂ごと採ってきてずっと洗うんです。どこまでやっても砂が混ざってるんです。これに水銀を入れると水銀アマルガムと言って金と水銀が結びつくんです。他のものを全部排除するんですね。そして塊になるもんですから、そのうえで砂を全部流すんです。そうすると下から火であぶるんです。残ったものを鍋に入れて下から火であぶるんです。水銀は沸点が早いですから蒸発してしまいます。残ったのは純金なんです。そういう形で金を採る。

アマゾン川周辺の現地住民と

首相官邸にて細川護煕首相（当時）と

ところが、これをアマゾン川の中でやってるもんだから、蒸発した水銀がまた元に戻るんですね、当然。そして川には有機物があるので、そしてあそこは暑いですから、そうすると金属水銀が有機物、特にメチル水銀に変わって、水俣病の原因物質になると。

当時、そのことが大問題になっていたもんですから、私たちはそこまで行って、水銀問題は世界の問題だということで言ってきたんです。この時の写真ですね。

これは水俣病の解決のとき、今は新しい首相官邸になりましたが、古い時代の当時の首相官邸で、当時の細川さんの時代の武村さんという官房長官と話をしているところ。

言っておきたいこと

大筋だいたい話は終わるんですが、ただみなさんに言っておきたいことがあります。私は決して今やったことをやろうと思って、司法試験の勉強をしていたわけではないんです。そうすると必ず落ちるといわれたものです。大変きつい試験ですので、先輩から言われたことは、ここに書いてあるように「人に言えなくても、自分を励まし続けること。自分で律することが大事と。そして、力量も大事で、弁護士になろうなんて思ったらいかんと。そんなことできつい受験勉強は耐えられないよ」という話をされた。

私は最終的にどういうふうにして頑張りぬいたかというと、ちょうど私の家内、大学で知り合って結婚して、熊大医学部出身で私より年上なんですが、ちょうど口述試験の時に、私は一回落ちて二回目のときに、「もし生まれてくる子供が将来大きくなって、どうして弁護士にならなかったの」って言われるとカッコ悪いなと思ったので、なんとしても生まれてくる子供のために頑張ろう、こういうふうに思ってなんとか試験を乗り切りました。

ですから、今ここにいる方々は、みんなそれぞれ夢があると思います。夢は大事なことです。夢がなければ実現もできませんので。夢があってこれをきっちり実現する努力、その努力のほうがおうおうにしてくずれがちですので、あまりカッコいい目標もいいですけれど、とにかく自分を励まし続けるものをもって、人に言いたくなければ言わなくていいので、そういう物をとにかく持って、一生懸命頑張っていただきたいなと思います。

そういうことが、本当にここにいる皆さん方が、本当に良い意味で、「海邦養秀」という言葉を造られた尚温王のことを含めて、皆さん方自身の将来を設計すれば、本当に良いことになっていくのではないかな、というふうに思います。

今日は私のつたない話を、経験の一部を皆さん方にお伝えをいたしました。皆さん方もぜひともこの先、無限の可能性を秘めているわけですから、本当に一生懸命頑張っていただきたい、というふうに思います。

ということで、ご清聴大変ありがとうございました。

終わりに

板井　八重子

二〇二三年二月一一日は夫・板井優の三回目の命日です。この日に追悼集『千人の一歩』の刊行が実現いたします。これまでにご協力いただいたすべての皆様に感謝申し上げます。

延び延びになっていた夫・板井優の沖縄への分骨・散骨を三回目の命日に決行したいと考えました。沖縄のコロナ感染が下火のまま推移していることもあり、この年末・年始に沖縄を訪れました。目的の一つに辺戸岬を訪れることがありました。

というのは、夫が入院中のある日（二〇一八年一二月二八日）、「与論島と大湿帯（おおしったい）（故・板井優の実父の出身地）が見えるところに遺骨をまいてもらえばよい。してくれる人がいればだけどね」と独り言のようにつぶやきました。私にとっては唯一遺言のような言葉で、実現したいという思いが募ってきました。辺戸岬なら与論島が見えて大湿帯にも近い。

昨年、改めて読んだ『熊本民主文学』（二〇〇九年第一五号）に掲載された「沖縄に生まれて」に夫が書いたこんな一節がありました。「その前の年（一九六七年）の四月二八日、私は辺戸岬で夜通しかがり火をたいて、対岸の与論島の方向に見える火を見ながら、多くの人たちと「沖縄を返せ」を歌っていました」「私にとって、その時の日本本土とは、基本的人権尊重と永久平和を掲げた憲法を持つ、まだ見ぬ祖国でした」と。辺戸岬には、「祖国復帰闘争碑」が建っています。今でこそ高速道路が通りましたが、かつての道は大変危険だったと、数年前には夫から、今回案内してくれた姉弟からも聞きました。危険な道を長い時間をかけて与論島との交歓のために辺戸岬に通い続けた人々の想いが痛いほど伝わってきました。二人の息子にＬＩＮＥを送ると賛意を示してくれました。弁護士になって沖縄のために役立ちたいと具志堅優が「まだ見ぬ祖国」に思いをはせたこの場所が、散骨にふさわしいと確信しました。

亡くなる数ヵ月前、「僕たちが目指す社会が実現するには、まだまだ時間がかかりそうだね」としみじみと語りかけてきました。「そうね、例え一〇〇年かかっても実現するといいよね」と答えたものでした。彼の深い思惑の底で感じるものがあったようでした。一方で、「昔のような戦前になるという人がいるけど、そんなことになるわけがないじゃない！」と何かのたびに言っていたこともメッセージとして強く刻まれている言葉のひとつです。

今回も実家を訪れると夫の笑顔の写真（『Attorney's MAGAZENE』二〇一五年一一月一日、VOL.48）に会うことができました。原発訴訟に取り組む過程で交流が深まった河合弘之弁護士の紹介で取材に至ったと嬉しそうに言っていました。その雑誌の板井優の目次の部分に――人権とは「私をあなたと同じに扱いなさい」ということ。法廷に籠ることなく世の中の仕組みを変えてこそ、それは実現できる――という言葉がありました。「私をあなたと同じに扱いなさい」のフレーズはかなり本質的ではないかと今回気がつきました。

職業に貴賤はないというけれど実際には貴賤があると感じた幼い頃の体験、同じ人として扱うことのなかった米兵。何度も聞きました。理屈ではなく、そんな経験の中から絞り出され紡ぎ出された言葉のような気がします。

何年か前の事でした。夫が自宅でテレビを見ながら声を押し殺して涙を流している姿が視界に入りました。テレビ画面では男性が、事情があって祖国に帰れないと涙ながらに訴えていました。声をかけることがはばかられ、その時は涙の真意を確かめることは出来ませんでしたが、これから多くの方との対話を通じて真意に近づく伴侶としての旅を続けたいと思います。

「優は聖人君子じゃなかったよね。隣のおじさんみたいだったよね」、兄弟の対談にある通りでした。作り上げられた人物像ではなく等身大の人物像をと主張していました。「まだ語りつくされてないんじゃないの？」と言っている気がします。

今後も忌憚のないご意見をよせくださいますようお願いいたします。

最後に、『千人の一歩』の刊行にあたって、企画、編集を全面的にお支えを頂きました『千人の一歩』編集委員会の皆さまに深く御礼申し上げます。委員長の猪飼隆明先生には、夫・板井優の生前より多くのご助言、ご鞭撻を頂くとともに、本書の座談会まで実現して頂き、まさに中心となって頂きました。北岡秀郎様には、闘病中の御身で委員会にご参加頂き、貴重なご助言を頂きました。中山裕二様には、水俣病訴訟、原発訴訟の支援の中でも大変ご多忙な中で、本作りの冒頭の段階からすべてのプランニングを頂きました。また、猪飼先生と板井俊介弁護士の座談会をビデオに収め、その写真などもご用意頂いた大畑靖夫様、ならびに座談会の文字起こしをお引き受け頂いた杉本由美子様にも多大なるご尽力を頂きました。

また、沖縄と熊本の架け橋となっていただいた儀間敏彦様のお陰で、首里高校養秀同窓会副会長の太田幸子先生をご紹介頂き、本書の表紙となった月桃の実の紅型(びんがた)をご提供頂きました平田美奈子先生との貴重なご縁を頂きました。さらに、潮谷義子前熊本県知事には玉稿に加え、本書の帯にもお言葉を頂きました。この場を借りて御礼申し上げます。

そして、何より、夫・板井優の沖縄時代のエピソードをご披露頂きました皆様、水俣病訴訟、ハンセン病訴訟、川辺川訴訟、じん肺訴訟、原爆症認定訴訟、そして、原発差し止め訴訟に至るまで、夫・板井優とともに歩んで頂きました皆様にも、心より御礼申し上げます。

最後になりましたが、本書の出版に多大なるご尽力を頂きました熊本出版文化会館代表の廣島正様、編集実務でご苦労をおかけ致しました桑本百合恵様にも御礼申し上げます。

表紙の紅型（びんがた）「月桃（げっとう）の実」に寄せて

太田　幸子

「月桃の実」

「月桃」は、ショウガ科の常緑多年草。鹿児島県佐多岬を北限に南西諸島からインドにかけて分布。沖縄では、暮らしの中で芳しさと共に親しまれ、陰暦一二月八日に月桃の葉に包んだ鬼餅を作ります。この日は、鬼餅の苞を神棚、仏壇、火の神（竈神）に供え、家族の息災を祈ります。月桃の花は、若夏の頃、満開となります。特に雨に濡れた月桃の花は、瑞々しく艶やかとなり、清楚で神々しい雰囲気を醸します。新北風（みーにし）の吹くころ、その実は、緑から次第に赤味を帯びて緋色となり、条線から弾けて種を零します。

　表紙の紅型は、紅型作家で紅型研究者（沖縄県立芸術大学非常勤講師）でもある平田美奈子さんの「月桃の実」の作品。この作品は、沖縄の地元新聞『沖縄タイムス』フルカラー

左端：太田幸子さん
右端：平田美奈子さん（紅型作家・研究者）

印刷を記念し、「色」をテーマにした八回の連載「琉球色物語」の巻頭（二〇二二年一月一日）に紹介されました。紅型の最も要となる色がフィーイル（緋色）です。表紙の月桃の実に配色されているフィーイル（緋色）は、紅型の技法の隈取りを必要とせず、単色でも力強く、フィーイルの鮮やかな色が紅型作品全体の纏める効果を担っております。

このたび、板井優追悼集の表紙に紅型をとの依頼を受け、直感的にこの作品に決めさせていただきました。故・板井優先生が、沖縄で生を受け、高校時代までを過ごした地の「月桃」は、暮らしと共に存在感のある逞しい植物です。優先生は、大学卒業後、熊本の地に根を下ろし、地の方々と寄り添い、司法で力となり、人間としての尊厳のため妥協を許さない不撓不屈の精神を貫き、数々の闘いに惜しみなく渾身の力を注いで来られました。

表紙の月桃の零れ始めている実は、残された者への種蒔きであり、優先生の「千人の一歩」のお言葉を拝借しますと「千人の一粒の種」が大きな力になることを肝に銘じ、私たちに託されたメッセージと受け取りたいと思います。

（首里高等学校染織デザイン科元教諭、一般社団法人養秀同窓会副会長）

『千人の一歩』編集委員会
猪飼隆明
板井俊介
板井八重子
北岡秀郎
中山裕二

板井優追悼集 千人の一歩

2023 年 2 月 11 日　初　版
2023 年 9 月 15 日　第二版

著者　『千人の一歩』編集委員会
発行　創流出版株式会社
制作　熊本出版文化会館
熊本市西区二本木 3 丁目 1-28
☎ 096（354）8201（代）
【販売委託】武久出版株式会社
東京都江東区亀戸 8-25-12
☎ 03（5937）1843　http://www.bukyu.net
印刷・製本／モリモト印刷株式会社
※落丁・乱丁はお取り換え致します。
ISBN978-4-906897-79-7　C0023

定価はカバーに表示してあります